Peter Fritz und Hannelore Veit

Zeit des Zweifels

Peter Fritz und Hannelore Veit

ZEIT DES ZWEIFELS
DIE USA UND EUROPA 20 JAHRE NACH 9/11

www.kremayr-scheriau.at

ISBN 978-3-218-01294-2
Copyright © 2021 by Verlag Kremayr & Scheriau GmbH & Co. KG, Wien
Alle Rechte vorbehalten

Schutzumschlag: Sophie Gudenus
Unter Verwendung eines Fotos von Teresa Maier-Zötl/detailsinn.at
Satz und typografische Gestaltung: Danica Schlosser, danicagrafik.de
Druck und Bindung: GGP Media GmbH, Pößneck

INHALT

ZUM GELEIT

9/11: Der Schock

Hannelore Veit

Die letzten 20 Jahre haben unsere Verhaltensmuster und unser Verständnis von der Welt, wie wir sie kannten, über den Haufen geworfen. Begonnen hat alles mit dem Initialschock des 11. September 2001, und am Ende steht eine Pandemie, die noch einmal alles infrage stellt.

9/11, dieser Tag wird mir – und den meisten von uns – immer in Erinnerung bleiben. Für mich war er die größte Herausforderung in meinem Journalistenleben. An einige Momente dieses Tages kann ich mich so genau erinnern, als wären sie gestern passiert. Was in Wien als ganz normale Redaktionssitzung am frühen Nachmittag begonnen hatte, sollte die längste ununterbrochene Nachrichtensendung des ORF werden. CNN lief ohne Ton auf den Monitoren im Sitzungszimmer: „Da ist ein Loch im World Trade Center", rief plötzlich ein Kollege aus den hinteren Reihen. Nach einer Schrecksekunde war der eingespielten Mannschaft klar, was zu tun war: Wir gehen auf Sendung. Und zwar sofort. Innerhalb weniger Minuten war ich on air, moderierte die ersten Stunden der dreitägigen Sondersendung. Eugen Freund, bis eineinhalb Wochen davor Bürochef in Washington, war als Kommentator an meiner Seite. Wir waren live dabei, als der United-Airlines-Flug 175 ein Loch in den Südturm des World Trade Center riss. Uns beiden war in diesem Moment klar: Das ist ein Terroranschlag. Peter Fritz, der damals neue Bürochef in den USA und als solcher Eugen Freunds Nachfolger, kommentierte die Geschehnisse vom Studio in Washington aus. Es ging Schlag auf Schlag, ein Flugzeug schlug ins Pentagon ein, live im Fernsehen sahen wir, wie Menschen in den Tod sprangen, wie die beiden Türme des World Trade Center nacheinander einstürzten. Viel Zeit zum Nachdenken blieb in diesen ersten Stunden nicht, das Gefühl, dass hier etwas passiert, das unser aller Leben verändert, stellte sich aber sehr bald ein. Unsicherheit, Zweifel darüber, wie es weitergehen könnte, waren die vorherrschenden Gefühle. In gewissem Maß halten sie bis heute an.

Das neue Jahrtausend hatte mit einer Zäsur begonnen – die USA waren auf eigenem Boden angegriffen worden. Als Folge und Reaktion darauf veränderten sich Landkarten, verschoben sich Werte. Jahre der Radikalisierung folgten: Die USA nahmen die Länder, die sie als Ursprung des Terrors vermuteten, ins Visier und begannen Kriege in Afghanistan und im Irak, zum Teil unter Vorspiegelung falscher Tatsachen. Nach 20 Jahren ist in Afghanistan der Abzug der US-Truppen vollzogen, die Taliban sind wieder auf dem Vormarsch. Bleibt die Frage: Wozu das alles?

Und Europa?   *Peter Fritz*

In Europa wurde vor dem 11. September 2001 eine aus den USA stammende These sehr gerne geglaubt: Die Vorstellung, die Welt müsse sich quasi zwangsläufig in Richtung Siegeszug von Demokratie und Marktwirtschaft bewegen, fand viele Anhänger, vor allem in den jungen Demokratien des Ende 1989 zugrunde gegangenen Ostblocks.

Wirtschaftliche Weiterentwicklung und der Drang nach Demokratie würden Hand in Hand gehen, so lehrte es eine gängige Theorie. Und nach dem Ende des Kommunismus auf europäischem Boden schien in Europa vieles in diese Richtung zu deuten. Noch dazu, wo die USA nun auch in Osteuropa als Führungsmacht akzeptiert wurden. Aber die Zeit des Zweifelns an diesem Dogma begann vor 20 Jahren recht schnell. Die Geschichte kannte kein Ende, die Zweifel wurden größer. Ist ein Europa, das sich in Fragen internationaler Machtentfaltung bedingungslos dem Willen der USA unterwirft, ein Modell der Zukunft oder doch eher der Vergangenheit? Osteuropa setzte stärker auf die USA und ihren NATO-Beistand, Westeuropa betonte seine Eigenständigkeit und wusste dann doch nicht so recht, wie es diese glaubhaft verkörpern sollte.

Die Folgen der von den USA angezettelten Kriege in Afghanistan und im Irak bekam Europa dadurch zu spüren, dass immer mehr Betroffene in Flucht und Migration nach Europa einen Ausweg suchten. Auch das hat die Zweifel am Sinn des amerikanisch-europäischen Bündnisses genährt. Und beim Blick hinüber in die USA wurden die Europäer mitgerissen von der Achterbahnfahrt der Gefühle. Die wütende Reaktion der schwer getroffenen Supermacht, die rasch begonnenen Kriege und ihre lange andauernden Nachwirkungen – das alles führte die Politik und öffentliche Meinung jenseits des Atlantiks auf einen rasenden Ritt durch Höhen und Tiefen.

Gespaltene Gesellschaft   *Hannelore Veit*

Auch im Inneren der USA verschoben sich die Parameter. Was für unmöglich gehalten wurde, wurde 2008 möglich: Die Amerikaner wählten ihren ersten schwarzen Präsidenten. Ein schwarzer Präsident? Recht auf gleichgeschlechtliche Ehe? Ein Teil der Gesellschaft jubelte, ein Teil konnte nicht begreifen, warum ihre Werte plötzlich nicht mehr gelten sollten. Am rechten Rand der Gesellschaft gärte es, White Supremacists und andere Rechtsextreme fanden immer mehr Zuspruch.

Die Wirtschafts- und Finanzkrise 2008 wurde zwar von den USA verursacht, sie überwanden sie aber schneller als der Rest der Welt. Nur: Ein Teil der Bevölkerung wurde zurückgelassen. Gut bezahlte Jobs waren verloren gegangen, „Globalisierung" wurde zum Schimpfwort. Amerikaner, die die Veränderungen nicht so rasch nachvollziehen konnten, fühlten sich an den Rand der Gesellschaft gedrängt.

So gesehen sollte es nicht überraschen, dass Donald Trump mit seinen simplen Botschaften und seinem Motto „America First" ins Präsidentenamt gewählt wurde. Es überraschte trotzdem, uns Journalisten und den Rest der Welt.

Unter Donald Trump schlitterten die USA von einer Krise in die andere. Die Verbündeten wussten nicht mehr, wie sie mit den USA umgehen sollten, mit oder ohne Trump waren und sind die Vereinigten Staaten nun einmal die größte Supermacht der Welt. Europa und die USA machten eine, wenn schon nicht Eiszeit, so doch unterkühlte Phase durch.

In den USA selbst schritt die Spaltung der Gesellschaft noch weiter voran. Selbst die Medien, die eigentlich das Geschehen analysieren sollten, wurden immer mehr zu Meinungsmachern, die die Welt in Schwarz und Weiß, in Pro und Kontra sahen. Grautöne hatten keinen Platz. Am Ende der Amtszeit von Donald Trump stand das Undenkbare: ein Angriff auf eines der Symbole der Demokratie in den USA, das Kapitol, den Sitz des Kongresses. Jetzt diskutieren die USA, die „älteste Demokratie der Welt", wie sie sich selbst nennen, über ihr Demokratieverständnis.

Joe Biden soll den Schritt zurück zur Normalität vollziehen. Kein leichter Schritt in einer gespaltenen Gesellschaft.

Kein leichter Schritt für jemanden, der versprochen hat, das Land zu einen.

Alles neu? *Peter Fritz*

Nun blickt Europa aufs Neue mit Staunen und Bangen hinüber in die USA, wo der älteste Präsident, den das Land je hatte, eine Verjüngungskur einleiten soll – auch in den Beziehungen zur alten europäischen Welt. Gerne wird betont, der „Neue" sei auf seine irischen Wurzeln stolz, und damit wird die Hoffnung verbunden, er fühle sich mit Europa schon allein dadurch fester verwachsen. Aber die Sicht auf die Welt hat sich auf beiden Seiten des Atlantischen Ozeans stark geweitet. Sowohl Europäer als auch Amerikaner blicken, weltpolitisch gesehen, heute vor allem nach Asien, wo dem wirtschaftlichen Aufstieg der letzten Jahrzehnte der politische und auch militärische Machtzuwachs ganz logisch zu folgen scheint.

Es könnte die Schlüsselfrage unseres noch jungen Jahrhunderts sein: Wird Asien, und dabei vor allem China, sich mit wirtschaftlicher Dominanz zufriedengeben? Oder werden wir ein Ringen um die politisch-militärische Vorherrschaft erleben, ein Ringen, das die Großmächte in einen neuen, verheerenden Krieg führen könnte?

Dieses Buch soll kein Rückblick sein, es soll zeigen, wo wir heute stehen – als logische Folge der Entwicklungen der letzten 20 Jahre – und in welche Richtung es weitergehen kann. Gezweifelt haben wir in diesen 20 Jahren an vielem, auch an unserem Weltbild.

Man sollte den Zweifel nicht geringschätzen. Es war der Philosoph René Descartes, der vor mehr als 350 Jahren das System des methodischen Zweifels erfunden und damit ganz wesentlich zum Aufstieg der westlichen Zivilisation beigetragen hat. An allem zu zweifeln, auch an dem, was früher ganz allgemein als natur- oder gottgegeben hingenommen wurde, das ist die Wurzel des Denkens der Moderne.

Aber unsere Zeit des Zweifels bringt ganz neue Ungewissheiten und Herausforderungen mit sich. Können wir lernen, auf diese neue Welt mit offenem Blick und ohne Panik zuzugehen? Wir möchten mit diesem Buch zumindest ein paar Wegweiser in den weltpolitischen Irrgarten der Zukunft stellen.

Wien, im Juli 2021

DIE STUNDE DER GEWALT
Terror als Instrument der Politik

Unter dem Eindruck der Terroranschläge vom 11. September 2001 war es für den damaligen US-Präsidenten George W. Bush eine naheliegende Maßnahme: Er rief zum „Krieg gegen den Terror" auf. Aber schon damals wurde immer wieder eine Frage laut, auf die es bis heute keine verlässliche Antwort geben kann: „Wer kann in einem Krieg gegen den Terror jemals einen Sieg verkünden?" Oder, anders gefragt: „Wie kann man jemals wissen, ob man diesen Krieg gewonnen hat?" Jede Art von Siegesgewissheit kann schon am nächsten Tag zunichte sein. Es genügt ein einziger, zu allem entschlossener Überzeugungstäter, um einer stolzen Weltmacht ihr Versagen vor Augen zu führen.

Der Terror hat unseren Alltag verändert. Wir können in der Konfrontation mit diesem Phänomen meist nicht agieren, wir sind zum Reagieren gezwungen. Wir hinken dem Terror und seinen verschiedenen Spielarten immer hinterher. Für uns ist es völlig normal geworden, auf Flughäfen Sicherheitschecks über uns ergehen zu lassen. Aber wir müssen auch hinnehmen, dass dabei die Maßstäbe durcheinandergeraten und manchmal schon jeder Logik entbehren. Weil ein britischer Islamist versucht hatte, in einer Maschine mit Kurs auf die USA einen Sprengsatz in seinen Schuhen zu zünden, müssen alle Flugreisenden in den USA die Schuhe ausziehen und durchleuchten lassen, bevor sie an Bord einer Maschine gehen. In Europa dagegen besteht man normalerweise nicht auf dieser Maßnahme. Generell akzeptieren wir heute – in den USA wie in Europa – eine Fülle unterschiedlichster Eingriffe in unser Leben. Wir akzeptieren auch, dass die Behörden mit dem Argument der Terrorgefahr ihre Befugnisse erweitern – und dabei nicht selten übers Ziel schießen.

Das Szenario vom 11. September 2001 wird sich in dieser Form nicht wiederholen. Es ist nicht anzunehmen, dass es noch einmal gelingen kann, Passagierflugzeuge in fliegende Bomben zu verwandeln und einen Angriff mitten hinein ins Herz einer Millionenstadt zu fliegen. Aber Menschen, die bereit sind, zu einer Waffe zu greifen, um aus religiösem oder politischem Fanatismus auf andere Menschen loszugehen, wird es vermutlich immer geben. Vieles wurde versucht, es ihnen schwerer zu machen. Geheimdienste stellten ihre Lausch- und Schnüffelarbeit voll in den Dienst des Vorgehens gegen den Terror, schreckten auch vor Foltermethoden nicht zurück und hatten dabei immer vorwiegend eine Form des Fanatismus im Auge: islamistisch motivierte Gewalt, die Antriebskraft, die Osama bin Laden und seine Al-Kaida-Gruppe zum Exzess des 11. September getrieben hatte. Der Krieg gegen den Terror war ein Krieg gegen islamistischen Radikalismus, und wenn es zumindest einen Tag gegeben haben sollte, den man kurzfristig als Tag des Sieges in diesem Krieg empfinden konnte, dann war das der 2. Mai des Jahres 2011: der Tag, an dem ein US-amerikanisches Spezialkommando Osama bin Laden in der pakistanischen Stadt Abbottabad aufspürte und ihn mit tödlichen Schüssen niederstreckte.

Aber der jahrelange Fokus auf den islamistischen Extremismus nach der Spielart bin Ladens verdeckte andere Bewegungen, die mehr Aufmerksamkeit verdient hätten. Die Terrormiliz IS begann ihren Aufstieg im Irak und in Syrien, indem sie immer weniger wie eine heimlich agierende Terrorgruppe auftrat, sondern wie die Armee eines Staatswesens, das sie kurzzeitig sogar aufbauen und behalten konnte.

Anderswo entdeckten Rechtsextremisten ihre Chance, mit Gewalttaten auf sich und ihre gefährlichen Vorstellungen aufmerksam zu machen. Zu zwei ihrer schlimmsten Taten kam es ausgerechnet in Norwegen und in Neuseeland, wo niemand mit derart entschlossen auftretenden Tätern gerechnet hätte.

Und zuletzt hat politisch motivierte Gewalt auch noch eine ganz andere Dimension bekommen. Es war ausgerechnet ein Präsident der Vereinigten Staaten von Amerika, der nicht mehr zum Krieg gegen den Terror aufrief, sondern ziemlich unverblümt zum Terror selbst, gegen den eigenen Staat und dessen verfassungsmäßige Ordnung, mit dem Sturm auf das Kapitol im Jänner 2021 als dramatischem Höhepunkt.

Wir schildern in der Folge mehrere Spielarten des Terrors, von einsamen Tätern, die sich mitten in der europäischen Zivilisation zu Kriegern für ein islamistisches Mittelalter hochstilisierten, bis hin zu hausgemachtem Terror, wie ihn Donald Trump vor dem Ende seiner Amtszeit von der Machtzentrale des eigenen Landes aus zu entfachen suchte.

Stadt in Angst

Peter Fritz

Zwei kurze, dumpfe Schläge. Ich höre sie sehr deutlich. Mit dem linken Ohr. Am rechten Ohr habe ich das Handy. Ich telefoniere, durch die weihnachtlich beleuchtete Altstadt von Straßburg flanierend, mit Bea, meiner Frau, in Wien. Ich denke mir in diesem Moment nicht viel dabei. Es hat für mein Ohr nicht nach Schüssen geklungen, eher nach harmlosen Böllern. Dann sehe ich Menschen auf mich zulaufen. „Schnell weg", rufen sie. Noch immer will ich nichts wahrhaben von der Panik, die sich rundherum aufbaut. „Jetzt rennen die alle so nervös herum. Dabei war das sicher eine ganz harmlose Sache", sage ich zu Bea noch, dann setze ich meinen Weg fort. Ich bin zum Essen verabredet, mit einer bunten Runde aus Medien und Politik, wie sie sich in Straßburg dutzendweise zu versammeln pflegen, wenn das Europäische Parlament dort tagt. Es ist der Abend des 11. Dezember 2018, kurz vor 20 Uhr.

Ich gehe weiter, bin aber rasch der Einzige in meiner engen Gasse. Ein hohes, durchdringendes Geräusch dringt an mein Ohr. Na bitte, denke ich mir. Wahrscheinlich eine Alarmanlage mit Fehlauslösung, was soll's. Aber dann, zwei Ecken weiter, ist es mit dem Flanieren und der fest eingebildeten Harmlosigkeit vorbei. Das laute Geräusch ist ein durchdringender Schmerzensschrei, ausgestoßen von einer Frau, die die schlimmsten Minuten ihres Lebens erlebt. Vor ihr, mitten auf dem groben Altstadtpflaster, liegt regungslos ein großer, auffallend gut gekleideter Mann. Ich sehe auf den ersten Blick das Blut, das ihm aus dem Hinterkopf gesickert ist, und ich weiß nur eines: Das wird jetzt sehr, sehr ernst. Zwei Passanten kümmern sich schon um ihn, versuchen, Erste Hilfe zu leisten.

Ich mache mit, so gut es geht. Die Haut des Mannes vor mir ist rosig, er wirkt unversehrt bis auf seine tiefe Wunde. Aber er ist zu keiner Lebensäußerung mehr fähig, Atmung und Herz stehen still. Ein paar Männer erscheinen, rufen laut: „Bringt ihn weg von hier!" Noch komme ich nicht zum Nachdenken, aber nehme später an, dass die Männer Polizisten in Zivil waren, die das Opfer und auch uns, die Helfer, aus der Schusslinie bringen wollten. Denn was wir noch nicht wissen, das weiß die Polizei in dieser Minute schon genauer. Es handelt sich um ein Szenario mit mehreren Schauplätzen, mit mindestens einem Täter, der in der Altstadt um sich schießt und noch nicht gefasst ist. Wir tragen den Schwerverletzten mit vereinten Kräften zehn Meter weiter, in den Eingangsbereich des Restaurants „Au Pont Saint Martin". Dort, in einem engen Durchgang des alten Fachwerkhauses, machen wir weiter mit unseren Erste-Hilfe-Versuchen, so gut es geht. Unter den Gästen des Lokals sind zwei Frauen aus Deutschland, offenbar medizinisch geschult und erfahren. Sie sind aus dem ersten Stock des Lokals heruntergekommen und übernehmen die Regie. Auch ihnen fällt auf, wie lebendig der Mann noch wirkt. Aber schon einige Minuten später wird immer deutlicher, wie vergeblich unsere Bemühungen sind. Die letzten Spuren des Lebens weichen aus seinem Gesicht, das sich rasch ins Blaue verfärbt. Und seine Frau, unverletzt, aber extrem getroffen, sitzt eineinhalb Meter weiter auf einem Sessel und bekommt, halb gelähmt vor Schock, mit, wie jede Hoffnung für ihren Mann zu schwinden beginnt.

Unterdessen sind schwer bewaffnete Polizisten anmarschiert, stehen Posten im engen Eingangsraum des Restaurants. „Wo bleibt denn die Rettung?", schreie ich einen von ihnen an. Die zehn Minuten, die wir schon hier sind, fühlen sich an wie eine Ewigkeit. Aber er entgegnet kühl, es müsse zuerst einmal der „périmètre" gesichert werden. Keine ärztliche Hilfe, keine Sanitäter. Außer der Hilfe, die wir zufällig Anwesenden leisten können, gibt es nichts. Später erfahre ich von einer sachkundigen Notärztin aus Tirol, dass das überall auf der Welt so gehandhabt wird. In eine „Rote Zone" fährt kein Rettungsfahrzeug ein. Zu groß wäre die Gefahr, dass auch die professionell Helfenden zu Opfern werden. Es dauert fast zwei Stunden, bis ein Arzt erscheint. Für den 45-jährigen Anupong Suebsaman kann er nichts mehr tun. Er ist der Mann, dem wir nicht mehr helfen können. In Thailand besitzt er eine Nudelfabrik. Es ist der erste Tag der Europareise, die er mit seiner Frau Naiyana angetreten hatte. Und der Weihnachtsmarkt in Straßburg war nicht das ursprüngliche Ziel der Reise gewesen. Eigentlich wollten die beiden nach Paris. Aber die Lage war ihnen zu unsicher erschienen. Es tobten dort gerade die Proteste der „Gelbwesten"-Bewegung, begleitet von gewalttätigen Ausschreitungen. Daher also Straßburg. Wenige Stunden nach der Ankunft ist Anupong Suebsaman tot, und seine Frau wird gegen 22 Uhr von der mittlerweile erschienenen Rettung abgeholt. Der Arzt hat sie in eine Art psychiatrische Intensivstation eingewiesen.

Vollbesetzte Tische im Restaurant, Menschen, die nur stumm vor sich hinstarren können. Wer auf die Toilette muss, der muss mit einem weiten Grätschschritt über den am Boden liegenden Toten hinweg. Anders geht es nicht in diesem engen Altstadthaus.

Unterdessen habe ich versucht, mir per Handy ein Bild vom Geschehen zu machen. Auf Twitter kursieren Meldungen aller Art, nicht alle davon wirklich vertrauenswürdig. Aber es wird rasch deutlich, dass das hier ein Angriff war, der eine größere Zahl von Opfern gefordert hat. Und es gibt auch erste Hinweise auf die Motivation. „Allahu akbar!" soll der Täter gerufen haben, Gott ist groß. Ich gebe per Handy erste Berichte für das Radio und für die ZiB2 durch, schildere in erster Linie das, was ich selbst miterlebt habe. In der Wiener ORF-Zentrale sind auch schon Meldungen und Bildmaterial eingetroffen, aus denen deutlich wird: Hier hat jemand zum Massenmord angesetzt.

Noch ist völlig unklar, ob es mehrere Täter gibt, ob die Gefahr noch weiter besteht. Gegen Mitternacht dürfen wir das Restaurant „Au Pont Saint Martin" verlassen. Ich erfahre noch per Rundruf, dass alle, mit denen ich mich eigentlich für diesen Abend verabredet hatte, wohlauf sind. Und ich nehme dankend das Angebot des ORF an, am nächsten Tag Verstärkung zu bekommen. Unsere Paris-Korrespondentin Eva Twaroch reist an, hilfsbereit und kollegial wie immer.

Reporter sind normalerweise nicht sehr erpicht darauf, selbst Teil der Story zu werden, die sie in die Welt setzen. Aber in diesem Fall geht es nicht anders. Ich muss am nächsten Tag Auftritte und Interviews für viele Sender absolvieren, muss immer wieder schildern, was ich gesehen und erlebt habe. Und am Abend gehen wir aus reinem Trotz zum Essen ins Restaurant „Zuem Strissel", wo wir eigentlich tags zuvor hinwollten. Es wird meine letzte Begegnung mit Eva Twaroch sein. Drei Wochen später stirbt sie völlig überraschend allein an ihrem Arbeitsplatz in Paris. Eine Gehirnblutung. Niemand kann etwas für sie tun.

Zwei Tage nach der Tat wird der 29-jährige Chérif Chekatt gegen 21 Uhr von einer Polizeipatrouille in der Nähe des Straßburger Fußballstadions angehalten. Er feuert auf die Beamten, sie schießen zurück, Chérif Chekatt stirbt auf der Stelle. Er hatte in der Tatnacht ein Taxi gekapert, unmittelbar nachdem er auf den Touristen aus Thailand gefeuert hatte, das letzte seiner fünf tödlich getroffenen Opfer in dieser Nacht. „Ich habe das für meine toten Brüder in Syrien getan!", rief er dem Taxifahrer zu. Später wurde auch ein Video gefunden, auf dem er sich zur Terrorgruppe „Islamischer

Staat" bekannte. Er hatte trotz seines jugendlichen Alters schon 27 Vorstrafen gesammelt, zumeist für Einbruchsdelikte in Frankreich, Deutschland und der Schweiz. Vier Jahre seines Lebens hatte er in verschiedenen Gefängnissen verbracht, wo sein Weg zum religiös-politisch motivierten Gewalttäter begonnen haben dürfte. An dieser Geschichte mutet vieles seltsam bekannt an. Der Täter, Kind einer Einwandererfamilie. Der Weg ins Terrormilieu über kleinere, „gewöhnliche" Delikte, und schließlich die Radikalisierung, auch auf dem Weg über Kontakte in der Haft.

Menschliche Zielscheiben

Wir haben ein ganz ähnliches Muster bei Salah Abdeslam, dem Mann, der als Haupttäter der Anschläge vom März 2016 in Brüssel gilt, wie auch bei Kujtim Fejzulai, der am Allerseelentag des Jahres 2020 in Wien ein Terrormassaker in der Innenstadt verübte. Es sind durchwegs männliche Täter in jüngeren Jahren mit wenig Perspektive für das weitere Leben, aber mit Einflüsterern, die ihnen großen Lohn im Jenseits versprechen, wenn sie im Diesseits Menschen in den Tod befördern. Einen islamistischen Gottesstaat zu errichten, das bleibt ihnen in Syrien genauso verwehrt wie in Straßburg, Brüssel und Wien. Aber die geistige Basis ihres Tuns bleibt bestehen. Sie hat sich in den Köpfen vieler junger Leute eingenistet, die nach irgendeiner Art von Orientierung suchen. Und das hat jetzt auch dafür gesorgt, dass sich unsere Städte mit Grundzügen der Festungsarchitektur vertraut machen müssen.

Ein weiches Ziel zu finden, eine Möglichkeit, so viele Menschen wie möglich auf einmal möglichst verheerend zu treffen, das wurde dem 24-jährigen Anis Amri am Abend des 19. Dezember 2016 ziemlich leicht gemacht. Zuvor, am Nachmittag, hatte er in Berlin-Moabit den polnischen Fahrer eines mächtigen Saab-Scania-Sattelschleppers erschossen. Der schwere Wagen war beladen mit 25 Tonnen Baustahl aus Italien, das machte ihn zu einem umso wuchtigeren Geschoß. Und das war genau der Zweck, zu dem Anis Amri seine Beute nun einsetzen wollte. Er steuerte mitten hinein ins Zentrum des alten West-Berlin, wo die weihnachtlich dekorierten Bretterbuden standen, die inmitten des Großstadtambientes ein bisschen besinnliche Stimmung schaffen sollten. Am Fuß der Gedächtniskirche war das kleine Weihnachtsdorf aufgebaut, auf einem Platz, der, rückblickend betrachtet, das größtmögliche Sicherheitsrisiko bedeuten musste für alle, die sich dort versammelt hatten. Denn seine Architektur war zum Durchrasen geradezu prädestiniert.

Der Breitscheidplatz in Berlin war nie ein richtiger Begegnungsort im Sinne einer „piazza", wie sie seit dem Mittelalter Europas Städte prägt. Er war immer als Zentrum eines Sterns von sechs großen Straßen angelegt, mit der Kaiser-Wilhelm-Gedächtniskirche im Zentrum. Von der Kirche steht heute nur noch die Ruine ihres Turmes mit den gut erkennbaren Bombenschäden aus dem Zweiten Weltkrieg. Ein imposantes Zeichen der Erinnerung. Und daneben, die Ruine auf beiden Seiten flankierend, der Neubau aus den späten 1950er-Jahren von Architekt Egon Eiermann. Das Kirchenschiff als Achteck und, davon abgesetzt auf der anderen Seite der Ruine, der Turm, beides mit durchscheinendem blauem Glas als Fest des Lichts und der Lebendigkeit komponiert.

Es war viel überlegt und gestritten worden rund um die Neugestaltung des Kirchenensembles nach den Jahren von Krieg und Zerstörung. Aber die grundsätzliche Konzeption des Platzes als Straßenkreuzungspunkt und als Verteiler von Verkehr stand nie in Zweifel. Nur der Kreisverkehr, der bis in die 1950er-Jahre hinein noch rund um die Gedächtniskirche führte, wurde aufgelassen. Aber das war nicht als Maßnahme gedacht, die Stadt weniger autofreundlich zu machen, im Gegenteil. Im Denken der Planer dominierte das US-amerikanische Ideal der autogerechten Stadt, noch dazu, wo sich im geteilten Berlin nach dem Jahr 1961 der Breitscheidplatz und der nahe Kurfürstendamm rasch als Zentrum des neuen West-Berlin herausbildeten, als Schaufenster auf einer Insel des Westens im kommunistischen Osten Europas.

Der Breitscheidplatz wurde nach und nach umgestaltet und zu einem Platz gemacht, zu dem man möglichst schnell zu- und von dem man auch schnell wieder wegfahren konnte. Die Stadtplanung machte „Spangen" und „Achsen" zu ihrem neuen Dogma. Es ging vor allem darum, wie man am Rand des Platzes möglichst schnell seinen Weg entlangsausen und wieder in eine andere, noch schnellere Fahrbahn einbiegen konnte, gerne auch in einen Tunnel, wie er bis in die 2000er-Jahre hinein in Richtung Osten vom Platz wieder wegführte.

Und so begab es sich, dass das Weihnachtsdorf vom Dezember 2016 mitten in einem Straßengeflecht zu liegen kam, das optimal auf einen Zweck ausgelegt war: auf rasches Beschleunigen in Richtung seines zentralen Punktes, und dann auf ebenso rasches Davonfahren. Nichts anderes tat Anis Amri an diesem Abend gegen 20 Uhr mit seinem LKW und seiner 25 Tonnen schweren Fracht. Die Gäste auf dem Weihnachtsmarkt, vor den Ständen mit Glitzerschmuck und den Buden mit Bratwurst und Glühwein, sie standen, von Anis Amri im Führerhaus aus gesehen, wie der rote Punkt im Zentrum einer Zielscheibe. Und die Berliner Stadtplanung hatte Anis Amri beim Zielen geholfen. Auf einer Verkehrsachse, der Hardenbergstraße, beschleunigte er voll und hielt Kurs – mitten hinein in die Gasse zwischen den Buden des Weihnachtsmarkts, mitten hinein in eine Menge von Menschen, die sich dort auf einer Insel der Ruhe gewähnt hatten. Und auf einer anderen Verkehrsachse, der Budapester Straße, wollte er wieder davonbrausen. Nicht die Stadtplanung hinderte ihn daran, sondern das automatische Notbremssystem seines Lastwagens, das den Wagen mitten auf der Budapester Straße zum Stehen brachte. Für elf Personen endete die Fahrt tödlich.

Anis Amri schaffte es noch so weit in die Achse der Budapester Straße hinein, dass er inmitten der allgemeinen Verwirrung zu Fuß die Flucht ergreifen konnte. Erst vier Tage später wurde er in Italien erschossen. Er hatte bei einer Routinekontrolle das Feuer auf Polizisten eröffnet – mit derselben Waffe, mit der er am Beginn seiner Mordserie den polnischen LKW-Fahrer in Berlin tödlich getroffen hatte.

Schon lange hatten die Behörden Anis Amri im Visier gehabt. Er galt als verdächtig, aber doch als eher kleiner Fisch im großen Teich der islamistischen Netzwerke im Untergrund. Noch dazu hatte er seit seiner Ankunft in Europa ständig die Identitäten gewechselt. Fünf Jahre vor der Tat hatte er Tunesien verlassen und Italien erreicht, auf einem Flüchtlingsschiff, das ihn auf die Insel Lampedusa brachte. Immer wieder fiel er als Kleinkrimineller auf. Das altbekannte Muster zeigte sich auch hier. Es hätte viele Möglichkeiten gegeben, ihm rechtzeitig auf die Spur zu kommen, aber das Puzzle hatte zu viele Teile. Es mangelte an Zeit, Geld und Personal, um die Teile richtig zusammenzufügen, und es fehlte manchmal auch das persönliche Geschick bei der Beurteilung der Lage.

Aber noch etwas führte dazu, dass Anis Amri seine Tat so ungehindert und mit einem so verheerenden Ergebnis realisieren konnte: eine Stadtplanung, die jahrzehntelang ganz andere Ziele verfolgt hatte als jenes, auf mögliche terroristische Bedrohungen zu achten. Erst seit kurzer Zeit wird verstärkt darüber nachgedacht, dass Menschen in der Stadt lebende Zielscheiben darstellen können, und dass es auch Aufgabe der Stadtplanung und der Architektur ist, sie durch bauliche Maßnahmen nach Möglichkeit zu schützen.

Anti-Terror-Architektur

Seither wird in Europa vieles mit anderen Augen gesehen. Auf einem der vielen Hügel, die das Fundament der Stadtlandschaft von Brüssel bilden, steht das PHS-Gebäude, benannt nach dem früheren belgischen Ministerpräsidenten und engagierten Europapolitiker Paul-Henri Spaak. Es ist nicht besonders alt. Im Jahr 1993 wurde mit seinem Bau begonnen, zwei Jahre später war es fertig. Ein Konferenzzentrum werde der große Komplex werden, zu dem das Gebäude gehört. So hatte es Belgiens Regierung einst behauptet. Aber in Wirklichkeit war der Stadtteil auf dem Hügel in Brüssel immer dazu ausersehen, das Europäische Parlament zu beherbergen, das eigentlich seinen Sitz in Straßburg in Frankreich hat. Und so hat jetzt auch Brüssel einen Plenarsaal für mehr als 700 EU-Abgeordnete, dazu ein Pressezentrum, Hunderte Büros und einen riesigen Empfangssalon, in den der Präsident des Europäischen Parlaments gelegentlich seine Gäste bittet, die dort durch riesige Fensterflächen Ausschau halten können, weit hinaus über die Dächer von Brüssel.

Groß war in EU-Kreisen die Aufregung, als vor einiger Zeit bekannt wurde, dass das Gebäude, angelegt wie eine Kathedrale der Demokratie aus Glas, Stahl und Stein, nach etwas mehr als 25 Jahren Nutzungsdauer abgerissen und durch einen Neubau ersetzt werden muss. Das Rohrleitungssystem für das Wasser sei völlig verrottet, die Erdbebensicherheit nicht mehr den heutigen Vorschriften entsprechend – das alles wurde als Grund für das teure Projekt genannt.

„Ich kann Ihnen sagen, um was es da in Wirklichkeit geht", flüstert mir eine sehr hochrangige Person zu, die in das Projekt an maßgeblicher Stelle involviert ist. „Es gibt da bestimmte Stellen in diesem Gebäude ..." OK, an diesem Punkt zitiere ich nicht wörtlich, was mir diese Person gesagt hat. Sie will es auch nirgendwo öffentlich so genau erörtert haben. Aber es gibt Punkte am PHS-Gebäude, an denen eine geringe Gewalteinwirkung genügen könnte, um den ganzen Bau sofort wie ein Kartenhaus in sich zusammenbrechen zu lassen. Mit einer Opferzahl, die sich auf mehr als tausend Personen belaufen könnte. „Wäre es nicht möglich, den alten Bau zu verstärken und die kritischen Stellen zu entschärfen?", wende ich ein. „Das wäre möglich", sagt meine Kontaktperson. „Aber es wäre teurer, als das Ganze noch einmal – und so terrorsicher wie möglich – neu zu bauen."

Einstweilen behilft man sich mit riesigen Blumenkästen aus Stahl, die die Zufahrtstraßen zum so leicht zu gefährdenden Gebäude blockieren. Neu sind auch die kleinen Wärterhäuschen neben den Blumenkästen, in denen ein Wachposten alle kritisch beäugt, die zu Fuß um diese Barrieren herumgehen.

Der Druck, unter dem Gesichtspunkt möglicher Bedrohungen vor vielen Jahren Gebautes neu zu überdenken, begegnet einem in Brüssel auf Schritt und Tritt. Beim Hauptquartier der EU-Kommission, dem Berlaymont-Gebäude, wurde vor Kurzem nach langer Bauzeit in der Nähe des Haupteinganges ein nicht besonders auffälliger Pavillon aus Stahl und Glas fertiggestellt. Ein „Willkommenszentrum", wie es offiziell heißt. Aber der wahre Zweck dieses Gebäudes ist ein anderer. Hier sollen in Zukunft die Sicherheitskontrollen stattfinden, für die bisher im Berlaymont selbst eine Schleuse gedient hat – an einem Punkt, der sich schon ziemlich nahe am „VIP-Corner" befindet, wo Staatsgäste aus aller

Welt das Haus betreten. Sollte also in Zukunft etwa jemand mit einer Bombe Zugang zum Berlaymont suchen, so sollte er – den Postulaten der neuen Sicherheitsarchitektur zufolge – schon im „Willkommenszentrum" aufgehalten werden. Und sollte er die Bombe zünden können, so würde nur dieses kleine Gebäude in die Luft fliegen und nicht das Berlaymont selbst, wo zu normalen Zeiten Tausende EU-Beamte ihren Dienst versehen.

Bei allem, was gebaut wird, auch an mögliche Gefahren für die Sicherheit zu denken, das legt die EU-Kommission neuerdings allen Verantwortlichen besonders ans Herz. „Es geht um ‚security by design‘", sagt mir Ylva Johansson, die EU-Innenkommissarin, an einem kalten Dezembertag vor dem Berlaymont-Gebäude. Alle Bauten, alle Verkehrswege, alle Teile der städtischen Infrastruktur sollten auf ihre Sicherheitstauglichkeit überprüft werden. Und da gehe es zunächst einmal um die wichtigsten Nervenzentren einer Stadt von heute, wie etwa Wasserwerke, Stromverteiler oder Einkaufsstraßen. Als besonders gefährdet stuft die EU-Kommissarin in ihren Empfehlungen aber auch Gotteshäuser ein – Kirchen, Moscheen, Synagogen. „Schauen Sie sich das Beispiel von Halle an", meint Ylva Johansson. Im Oktober des Jahres 2019 hatte ein Rechtsextremist versucht, in die Synagoge der Stadt Halle im deutschen Bundesland Sachsen-Anhalt einzudringen und dort ein Massaker zu verüben. „Was damals sehr viele Menschen geschützt hat, das waren eine verstärkte Eingangstür und eine Klingel mit Sprechanlage. Das meinen wir, wenn wir von eingebauter Sicherheit reden", sagt die EU-Kommissarin. Es war dem Täter damals nicht gelungen, in die Synagoge einzudringen. Frustriert begann er, vor dem Gebäude um sich zu schießen. Auch dort traf er zwei Menschen tödlich. Daran zeigt sich auch ein gewisser Zwiespalt, wenn es um die mitgedachte und mitgebaute Sicherheit geht. Es kann oft gar nicht darum gehen, zu verhindern, dass Menschen zu Schaden kommen. Wer zu einer Tat entschlossen ist, findet immer ein Ziel. Es geht aber zumindest darum, die Auswirkungen einer Tat, wenn sie schon geschieht, so gering wie nur möglich zu halten.

Unscheinbare Bollwerke

Das ist der Zweck, weswegen jetzt überall in Europa neue Barrieren entstehen, an Verkehrswegen, vor wichtigen Plätzen, vor potenziell gefährdeten Gebäuden. Das gibt immer wieder auch Anlass zu Reibereien. Wie etwa das Bundeskanzleramt auf dem Ballhausplatz in Wien vor einem heranrasenden Fahrzeug geschützt werden könnte, darüber wurde jahrelang beraten. Und das, was am Ende dort entstand, hat mit dem, was ursprünglich beabsichtigt war, äußerst wenig zu tun. Metallsäulen, Granitblöcke, das wurde zunächst erwogen und für zu teuer befunden, dann machte man sich an den Bau einer 80 Zentimeter hohen Mauer aus Stahlbeton. Das wiederum nahm die „Kronen Zeitung" zum Anlass für eine Kampagne gegen den, wie es hieß, teuren und unansehnlichen Mauerbau. Worauf am Ende wieder die Metallsäulen zum Zug kamen und alles, inklusive des Rückbaues der schon begonnenen Mauer, noch einmal um ein gutes Stück teurer wurde.

Billiger sind temporäre Maßnahmen, und besonders raffiniert sind sie dort einzusetzen, wo man ihnen den Zweck nicht gleich ansieht. Auf dem Wiener Maria-Theresien-Platz, zwischen dem Kunsthistorischen und dem Naturhistorischen Museum, standen vom Weihnachtsmarkt des Jahres 2017 an riesige Geschenkpakete, bunt verpackt und mit hübschen Schleifen versehen. Hätte man die bunte Verpackung ein Stück weit in die Höhe gehoben, wären darunter massive

Betonblöcke zu erkennen gewesen, aufgestellt als Aufprall-
hindernis für Heranrasende, als Provisorium für die Dauer
der intensiven Gefährdung, also für die Zeit des Markt-
geschehens.

Der Wiener Architekt und Autor Theo Deutinger kann aus
dem Kopf Dutzende Beispiele wie dieses nennen, Beispiele
für temporäre oder dauerhafte Schutzmaßnahmen gegen
Gewalttaten, bei denen Autos als Waffe eingesetzt werden. In
seinem Buch „Handbook of Tyranny" hat er die Formen analysiert, mit denen sich das Verhältnis von Macht und Gefahr
in der Architektur manifestiert. Da spannt sich der Bogen
von der Anlage eines Schlachthofes über die Konstruktion
von Grenzmauern bis hin zu den Wegen, die ein motorisier-
ter Terrortäter in einer Stadt nehmen kann, und was sich ihm
dabei entgegenstellen ließe. „Schauen Sie sich einmal das
neue Stadion von Arsenal in London an", sagt Theo Deutinger, im ORF-Radio nach Beispielen für die neue Anti-Terror-
Architektur befragt. „Da steht vorne in zweieinhalb Meter
hohen Betonbuchstaben das Wort ‚Arsenal' zu lesen, und
man könnte glauben, das sei einfach nur als Logo, als Blick-
fang, so aufgestellt." In Wirklichkeit sind diese Buchstaben
eine Barriere, die verhindern soll, dass motorisierte Täter
den Vorplatz des Stadions stürmen.

Und als in Wien, in der engen Neubaugasse, an einer neuartigen Begegnungszone gearbeitet wurde, mit vielen Rechten für Fußgänger und wenig Autoverkehr, war „security by
design" auch dort ein Thema. So laden etwa sehr stark ge-
baute Sitzbänke mit einem Betonsockel zum Verweilen ein.
Theo Deutinger weiß, dass da nicht so sehr die Menschen-
freundlichkeit dahintersteckt, sondern der neue Zwang zum
Absichern: „Das sieht aus wie eine normale Parkbank, aber
diese Bank hat ein irrsinnig starkes Fundament und ist als
Maßnahme gegen Ramm-Attacken konstruiert." Der Archi-

tekt sieht Vorkehrungen ähnlicher Art, wohin er auch blickt im städtischen Raum. Etwa auf dem Heldenplatz in Wien, wo die Büros des Parlaments in Containern untergebracht sind, bis die Renovierung des Hauptgebäudes abgeschlossen ist. Mit flachen Betonblöcken drumherum, und mit darüber waagrecht gespannten Drähten, an denen sich grüne Bepflanzung in die Höhe rankt: „Das ist auch ein Rammschutz, der dazu dienen soll, dass niemand mit dem Auto in diese Container hineinfahren kann", weiß Theo Deutinger.

Und auf dem Berliner Breitscheidplatz, ziemlich genau mitten auf der Fahrtstrecke, die Anis Amri im Dezember 2016 genommen hat, soll, aktuellen Planungen zufolge, in Zukunft der Schriftzug „BERLIN" in großen Buchstaben aus Stahlbeton den direkten Weg auf den Platz verstellen. Moderne Städte haben keine Mauern mehr. Aber sie müssen sich jetzt laufend neue Wege überlegen, um Angreifern etwas entgegenzustellen.

January 6: Angriff auf die Demokratie
Hannelore Veit

Es ist der 6. Januar 2021. Und es ist einer jener Augenblicke, an die man sich auch Jahre später noch erinnern wird. Ich telefoniere gerade mit einer amerikanischen Freundin, plötzlich ist ihre Aufmerksamkeit weg, „something is going on", sagt sie, mehr zu sich selbst als zu mir. Im Hintergrund höre ich den Fernseher laufen, „Dreh CNN auf", fordert sie mich auf, „das musst du sehen", und beendet das Telefongespräch.

Fassungslos beobachte dann auch ich, was da in der Stadt, die bis vor Kurzem mein Zuhause war, passiert: Wie immer bei weltbewegenden Ereignissen hat CNN in Europa inzwischen das reguläre Programm gekippt und die Sendungen von CNN in den USA übernommen, ein rein für amerikanische Zuseher ausgelegtes Programm. Es gibt aber an diesem Dreikönigstag nur *eine* News-Story: Eine immer aggressiver werdende Menge bewegt sich auf der Mall in Washington auf das Kapitol zu. Dieser 6. Januar wird als einer der dunkelsten Tage der amerikanischen Demokratie in die Geschichte eingehen.

CNN hat in den letzten Jahren ganz klar Position als Anti-Trump-Sender bezogen und ist auch diesmal erwartungsgemäß auf Anti-Trump-Kurs. Donald Trump ist schnell als der Anstifter des Mobs ausgemacht. Doch CNN ist diesmal kein Vorwurf zu machen, die ganze Welt kann live mitverfolgen, was da passiert.

Der Noch-Präsident – in zwei Wochen wird seine Amtszeit ablaufen – hat zum Sturm auf das Kapitol aufgefordert. In einer Rede vor dem Weißen Haus hat er die Stimmung aufgeheizt. „Stop the Steal", „stoppt den Diebstahl". „Wir haben die Wahl gewonnen, wir haben sie mit einem Erdrutschsieg gewonnen. Wir ziehen zum Kapitol, ich bin dabei ... Wenn wir nicht kämpfen wie der Teufel, haben wir bald kein Land mehr", ruft er seinen Anhängern zu. Trump weiß genau, wie er die Menge mitreißen kann, in seinen Wahlkampfauftritten in den letzten fünf Jahren hat er das perfektioniert. Die meisten seiner Anhänger glauben tatsächlich, die Wahl sei von den Demokraten gestohlen worden. Ich bin überzeugt, dass stimmt, was enge Mitarbeiter Trumps behaupten: Donald Trump selbst glaubt, er habe die Wahl gewonnen. Er hat den Boden für diese Lüge schon lange vor der Wahl bereitet: Er könne die Wahl nur durch Wahlbetrug verlieren, hatte er im Sommer verkündet. Krankhafte Lügner, das weiß die Psychologie, glauben oft selbst an ihre Lügengebäude.

Rädelsführer in der Menge greifen Trumps Ruf auf, haben offenbar nur darauf gewartet. „Nehmen wir das Kapitol ein", ruft einer, immer wieder wird der Satz von anderen wiederholt. „Wir marschieren zum Kapitol, das ist die Richtung", ein Mann mit roter Trump-Kappe formt die Hände zum Megaphon und deutet in Richtung Kapitol. Dort ist ein demokratischer Prozess im Gange, den sie verhindern wollen: Der Kongress ist an diesem Tag zusammengekommen, um das Ergebnis der Präsidentenwahl vom 3. November zu bestätigen.

Auf den etwas mehr als zwei Kilometern hinauf zum Kapitol steht den Trump-Fanatikern nichts im Weg. Fahnenschwingend ziehen sie die Mall entlang, mit Stars-and-Stripes-Flaggen, blauen „Keep America Great"-Fahnen, und dazwischen immer wieder die Konföderiertenflagge. Es ist die Flagge der im Bürgerkrieg unterlegenen Südstaaten, jene Flagge, die White Supremacists – Rechtsextreme, die an die Vorherrschaft der Weißen glauben – so gerne hissen. Die paar Absperrungen, die das Kapitol umgeben, sind schnell überrannt. Viel zu wenige Sicherheitskräfte schützen das

Gebäude, den Sitz des Kongresses, dieses Wahrzeichen der amerikanischen Demokratie. Die Kapitol-Polizei ist hoffnungslos überfordert. Sie fordert, wie wir aus späteren Berichten wissen, Unterstützung an, die aber nicht, oder viel zu spät, kommt. Die Meute stürmt ins Kapitol.

Was sich abgespielt hat, das belegen 15.000 Stunden Videos, aufgezeichnet von Fernsehkameras, von Sicherheitskameras, von Facebook-Livestreams und von den Tätern selbst. Mit Baseball- und Lacrosseschlägern gehen Trump-Anhänger auf Sicherheitskräfte los, Feuerlöscher werden als Waffen benutzt, sogar ein Skateboard dient als Waffe. Fenster werden eingeschlagen, Türen eingetreten.

Der Präsident schweigt. Warum ruft er seine Anhänger nicht zurück, fragen sich die Kommentatoren der Fernsehsender, frage auch ich mich, die ich diese unvorstellbaren Szenen von Österreich aus mitverfolge. Mehr als drei Stunden dauert es, bis Donald Trump die Meute auffordert, keine Gewalt anzuwenden. Trump ist in seiner ersten Reaktion immer noch aufseiten seiner Anhänger: „Ich weiß, es schmerzt", meldet er sich zu Wort, „es tut euch weh. Die Wahl ist uns gestohlen worden ... Aber geht jetzt nach Hause."

Die Meute ist längst im Kapitol, hat Büros von Kongressabgeordneten besetzt. Abgeordnete des Repräsentantenhauses und Senatoren fliehen oder verschanzen sich in Büros. Grinsend lümmelt ein weißhaariger Mann im blauen Holzfällerhemd auf dem Sessel im Büro der Sprecherin des Repräsentantenhauses, Nancy Pelosi, ein Bein auf ihrem Schreibtisch, einen 970.000-Volt-Elektroschocker an seiner Hüfte. Das Foto von Richard Barnett ist um die Welt gegangen. Genauso wie das des „Schamanen" im Sitzungssaal des Senats: Mit Kriegsbemalung, nacktem Oberkörper, Büffelhörnern und Kojotenschweif steht er da.

Ignorierte Warnungen

Der Schamane, mit bürgerlichem Namen Jake Angeli, ist kein Unbekannter. Als Anhänger der rechtsextremen Verschwörungstheoretikergruppe Q-Anon ist er schon Monate zuvor bei rechtsnationalen Protesten zu beobachten gewesen. Mein Kollege David Kriegleder traf ihn im Sommer 2020 in Phoenix in Arizona am Rande eines genau solchen Protestes, gekleidet war Angeli auch damals im Schamanen-Outfit. Bereitwillig ließ er sich interviewen – und gab krause Theorien von sich: „Q-Anon ist eine weltweite Bewegung", fantasierte er, „gerichtet gegen die Verschwörer, die überall ihre unterirdischen Stützpunkte haben, um Menschen zu klonen und damit die Weltherrschaft an sich zu reißen. Trump ist der Good Cop, der mehr Hintergrundwissen hat als andere Präsidenten vor ihm, er ist der Whistleblower, der die Welt aufklärt über Dinge, die wir alle nicht wahrnehmen." Donald Trump als der Befreier, der die Welt vor der Machtergreifung durch den „Deep State", den Staat im Staat, schützt. Unwissenheit paart sich hier mit Dummheit. Verschwörungstheorien dieser Art sind en vogue geworden.

Der Mob war eine Mischung von Q-Anon-Anhängern, rechtsextremen Gruppen wie den Proud Boys, bewaffneten Anti-Regierungsmilizen wie den Oath Keepers und überzeugten Trump-Anhängern, die sich vom Sog der Ereignisse mitreißen ließen. Die Nation war geschockt, und doch: Ganz so unvorhersehbar war der Sturm auf das Kapitol nicht. Das bestätigt fünf Monate später ein – ausnahmsweise von beiden Parteien, Demokraten und Republikanern, verabschiedeter – Senatsbericht: Die Geheimdienste hatten schon Wochen zuvor gewarnt, dass ein bewaffneter Sturm auf das Kapitol in Vorbereitung sei. Enorme Fehler passierten. Kritische Informationen über die Bedrohung wurden nicht weitergegeben, weder die Bundespolizei FBI noch das Heimatschutzministerium hatten gewarnt, obwohl es im Internet Aufrufe zur Gewalt gab. Gut möglich, dass einige dieser Fehler nicht ganz unabsichtlich passierten, dass die Kapitolstürmer Sympathisanten in staatlichen Institutionen hatten.

Für Donald Trump selbst hatte der Sturm auf das Kapitol unmittelbare Folgen: Er musste sich noch einmal einem Amtsenthebungsverfahren stellen, als erster Präsident in der Geschichte der USA wurde er zwei Mal impeached. Wegen des Vorwurfs der Anstiftung zum Aufruhr leitete das Repräsentantenhaus dieses zweite Verfahren ein. Über die Bühne ging es, als Trump längst nicht mehr Präsident war, durchgezogen wurde es von den Demokraten mit dem Hintergedanken, Donald Trump die Möglichkeit zu nehmen, noch einmal zur Präsidentenwahl anzutreten. Die Entscheidung über ein Impeachment fällt aber nicht im Repräsentantenhaus, sie fällt im Senat. Einige wenige republikanische Senatoren stimmten im Februar 2021 mit den Demokraten, doch die notwendige Zweidrittelmehrheit kam nicht zustande. Der 45. Präsident der Vereinigten Staaten wurde zum zweiten Mal in einem Impeachment-Verfahren freigesprochen.

In der Stadt Washington hinterließ der Sturm auf das Kapitol Spuren. Im März 2021 flog ich noch einmal nach Washington, um mir selbst ein Bild zu machen: Das Weiße Haus verbarrikadiert zu sehen, das war ich nach dem Tumultsommer 2020 gewöhnt, jetzt war auch das Kapitol verbarrikadiert. Betonblöcke und Zäune schirmten es ab, immer noch, mehr als zwei Monate später, waren Straßen gesperrt, nahe ans Kapitol heranzukommen war unmöglich. Unübersehbar, dass sich dieses Land verändert hatte. Unübersehbar, dass hier ein Angriff auf die Wahrzeichen der Demokratie, auf die Demokratie selbst stattgefunden hatte.

Das weiße Gesicht des Terrors

Unübersehbar ist auch, dass der rechtsextreme Terror zu neuer Stärke angewachsen ist. Inlandsterrorismus, domestic terrorism, ist die neue große Gefahr, so auch der Justizminister der Biden-Regierung, Merrick Garland, bei seiner Anhörung im Senat. Während nach den Anschlägen des 11. September 2001 vor allem islamistischer Terror im Blickpunkt der Öffentlichkeit stand, entwickelte sich schleichend, anfangs fast unbemerkt, die rechte Terrorszene. In den letzten 20 Jahren gingen dreimal so viele Angriffe auf US-Boden auf das Konto von Rechtsextremen wie auf das Konto islamistischer Terroristen. Weiße Nationalisten sind das Gesicht des Terrors geworden, das schrieb das „Time Magazine" schon vor zwei Jahren.

Der Anstieg des weißen Nationalismus hat auch mit Barack Obama zu tun – nicht mit seiner Person, sondern mit der Tatsache, dass er – als Schwarzer – Präsident der Vereinigten Staaten werden konnte.

Oft habe ich mich in meinen Jahren in Washington mit meiner Freundin Maureen über Obama unterhalten. Maureen ist eine der bekanntesten Persönlichkeiten Washingtons, jahrzehntelang moderierte sie die Abendnachrichten im lokalen ABC-Sender in Washington. Sie hat afrikanische Wurzeln irgendwo in ihrer Familiengeschichte, „a person of color", farbig, nennt sie sich selbst. Ihre Familie kommt ursprünglich aus Guyana, ihre Eltern wanderten Mitte der 1950er-Jahre von der Karibikinsel Aruba in die USA aus. Maureen habe ich immer wieder gerne in meinen Berichten zitiert – sie analysiert messerscharf und ist die perfekte Interviewpartnerin, wenn es um Rassismus und Demokratie geht. „Obamas Wahl 2008 war ein einschneidendes Ereignis, ein großer Moment für das Land", sagt sie, „aber die Wahl eines

Schwarzen hat Widerstand hervorgerufen, he met a little resistance." Was sie, verpackt in Ironie, meint: Ein Schwarzer als Präsident war für viele am rechten Rand untragbar. Sie sahen sich in ihren Vorherrschafts-Fantasien, in der Überzeugung, dass sie als Weiße die eigentlichen Amerikaner seien, bedroht. Obama erhielt, schon knapp nachdem er 2007 in den Wahlkampf eingestiegen war, Schutz durch das Secret Service – viel früher als Kandidaten das üblicherweise erhalten.

Unter Donald Trump, der sich nie wirklich gegen die rechte Szene abgrenzte und oft mit ihr flirtete, fühlte sich diese noch einmal bestärkt. Das Phänomen ist freilich nicht auf die Vereinigten Staaten beschränkt, weltweit ist rechtsextremer Terror im Ansteigen – und eine große und immer größer werdende Gefahr, warnt auch UNO-Generalsekretär Antonio Guterres.

Das letzte Kapitel der versuchten Machtübernahme der Trump-Fanatiker im Kongress ist noch nicht geschrieben. Das demokratisch dominierte Repräsentantenhaus wird sich in einem Untersuchungsausschuss damit befassen. Für eine überparteiliche Untersuchungskommission im Stil von 9/11, für detaillierte und genaue Ermittlungen, hat sich keine Mehrheit gefunden. Das Vorhaben wurde im Mai 2021 durch die Republikaner im Senat abgeschmettert. Besser nicht zu viel über diesen Tag der Schande reden, scheint die Devise zu sein, nur nicht allzu viel Vergangenheitsbewältigung. Eine rigorose Untersuchung würde ein schlechtes Licht auf Donald Trump werfen.

DIE USA,
EIN ZERRISSENES LAND

Ein Riss geht durch das Land, ein Riss, der nicht mit Donald Trump seinen Anfang nahm, den dieser aber genial auszunutzen wusste. „Ich bin einer von euch", hat er den Unzufriedenen, den Menschen am Rande der Gesellschaft, vorgegaukelt, ohne wirklich einer von ihnen zu sein. Er hat die Kluft weiter vertieft zwischen denen, die sich ausgeklammert fühlen, und denen, die angeblich alles haben und noch mehr wollen.

Statistiken belegen dieses Auseinanderdriften der Gesellschaft. Die Reichen werden reicher, die Armen ärmer. 10 Prozent der Amerikaner besitzen fast 70 Prozent des Gesamtvermögens, von Häusern über Autos bis Aktien, die 50 Prozent am unteren Ende der Gesellschaft besitzen gerade einmal 1,5 Prozent des Vermögens.

Wut und Ressentiments treiben die Wählerbasis Donald Trumps an, Elite-Bashing ist cool, die vermeintlich Unterprivilegierten haben in Donald Trump eine Stimme gefunden. Am 6. Januar schlägt das in Aggressivität um. Das Unvorstellbare passiert, ein rechter Mob attackiert das Kapitol, das Symbol der amerikanischen Demokratie. Die USA, die Demokratieexport immer als Teil ihrer Außenpolitik verstanden haben, müssen plötzlich dem Rest der Welt erklären, warum die Demokratie zu Hause eine Krise durchmacht.

Eine Hälfte der Bevölkerung versteht die andere nicht mehr. Während die einen weiter nach rechts driften, driften die anderen weiter nach links. Gesellschaftspolitisch ist für jene Amerikaner, die sich als progressiv sehen, political correctness angesagt, die Geschlechter werden neu definiert, gleichgeschlechtliche Ehe ist nicht nur Mainstream geworden, sie ist gesetzlich geregelt. Sozialismus war im Land des Kapitalismus immer ein Schimpfwort, plötzlich ist Sozialismus, oder was die Amerikaner darunter verstehen, unter jungen Menschen salonfähig. Und, typisch für die Zerrissenheit, gibt es keine klare Definition von Sozialismus: Für die einen ist es der Weg in Richtung Kommunismus, für die anderen der Weg in Richtung europäische Sozialdemokratie.

Soziale Medien bestärken die eigene Meinung und verstärken sie. Die Welt ist zu komplex und undurchschaubar geworden, um sich damit auseinanderzusetzen. Im Zweifel klammert man sich an das, was man kennt. Man fühlt sich in der eigenen Blase geborgen, hört nicht mehr zu.

Die Spaltung geht auch quer durch die politischen Parteien. Die Republikaner machen eine Zerreißprobe durch, wissen nicht, wie sie sich aus der eisernen Umklammerung ihres Ex-Präsidenten befreien können.

Auch die Demokraten sind gespalten. Am Tag Eins nach dem Wahlsieg Joe Bidens wurde diskutiert, wem denn jetzt der Sieg zu verdanken sei: dem progressiven linken Flügel – „von uns kommen die neuen Ideen" –, oder der gemäßigten Mitte – „ohne uns hättet ihr Trump-Wähler nie in dieser großen Zahl zurückholen können". Die Debatte wird nicht lautstark in aller Öffentlichkeit bis zum Eklat weitergeführt: Die Demokraten stellen den Präsidenten und haben eine Mehrheit im Kongress, daher sind die größten Risse notdürftig zugekittet. Joe Biden, der Moderate, weiß, dass er mit der neuen Linken in seiner Partei auskommen muss, und ist ideologisch klar nach links gerückt, weiter als die meisten Beobachter es für möglich gehalten hätten.

Rassismus war immer ein Teil der Gesellschaft, jetzt ist die Diskussion darüber neu ausgebrochen. Gegen systemischen Rassismus protestieren Schwarze lautstark und mit ihnen viele Weiße. Zu viele Fälle von Polizeigewalt, dokumentiert dank Smartphones, belegen, dass das Problem massiv ist. Der Fall George Floyd war der sprichwörtliche Tropfen, der das Fass zum Überlaufen brachte. Mitten in der Pandemie erleben die USA die größte Protestwelle seit der Bürgerrechtsbewegung des vorigen Jahrhunderts. Black Lives Matter ist in aller Munde. Und lässt Gegenbewegung entstehen. In einigen Bundesstaaten wird heftig diskutiert, wieviel Aufarbeitung der Geschichte der Schwarzen das Land verträgt.

An der Grenze im Süden wird der Ansturm von Migranten aus Mittelamerika, die Armut und Bandenkriegen zu Hause entkommen wollen, immer stärker. Trump versuchte die Massen – wenig erfolgreich – mit einer Mauer und – erfolgreicher – mit der Bestechung der mexikanischen Regierung aufzuhalten. Joe Biden ersucht Migranten höflich, doch bitte zu Hause zu bleiben. Das Land, das sich als Nation von Einwanderern versteht, weiß nicht, wie es mit Einwanderung umgehen soll.

Die Bundesstaaten streben nach mehr Macht und Selbstbestimmung, Präsident Biden stoppt den Mauerbau – Texas will im Alleingang weiterbauen. Sind das jetzt die *Vereinigten* Staaten von Amerika oder die Vereinigten *Staaten* von Amerika?

Selbst die Pandemie trennt die Nation: in Maskentragende und Maskenverweigerer, in Impfwillige und Impfverweigerer. Das Ziel, 70 Prozent der Amerikaner bis zum Nationalfeiertag, dem 4. Juli 2021, geimpft zu haben, kann Joe Biden nicht erreichen. Nicht, weil der Impfstoff knapp ist, sondern weil sich so viele Amerikaner gegen eine Impfung stemmen.

Als Präsident aller Amerikaner ist Joe Biden angetreten, Einigkeit hat er sich als Ziel gesteckt. Die Spaltung der Gesellschaft ist aber ein Teil der neuen Normalität.

Demokratie in der Krise
Hannelore Veit

Ein interner Kampf spielt sich Anfang 2021 in der Republikanischen Partei ab. Am 12. Mai erreicht er einen Höhepunkt, der dann gar keiner mehr ist, weil sich der Ausgang dieser Zerreißprobe in den Tagen und Wochen davor schon abgezeichnet hat: Die Kongressabgeordnete Liz Cheney, bisher die Nummer Drei der Partei, wird aus der Parteiführung abgewählt. So deutlich ist die Wahl durch Zuruf, dass eine namentliche Abstimmung gar nicht mehr stattfindet. Jetzt ist sie wieder nur mehr einfache Abgeordnete.

Fast fünf Monate nach Ende der Amtszeit des Republikaners Donald Trump ist die GOP, die Grand Old Party, wie sich die Republikanische Partei nennt, in der Krise. Immer noch dreht sich alles um Trump. Bleibt er der starke Mann, der im Hintergrund die Fäden zieht, oder können sich die Republikaner aus seinem Würgegriff befreien?

Liz Cheney ist Abgeordnete des Bundesstaates Wyoming, auf jenem Sitz, den schon ihr Vater Dick Cheney in den 1980er-Jahren innehatte, lange bevor er Vizepräsident unter George W. Bush wurde. Liz Cheney gilt wie ihr Vater als erzkonservativ, ist außenpolitisch ein Falke und gesellschaftspolitisch in ultrakonservativen Traditionen verankert. Sie scheut nicht davor zurück, ihre eigene Schwester Mary zu brüskieren, indem sie sich öffentlich gegen die gleichgeschlechtliche Ehe ausspricht. Mary Cheney ist mit einer Frau verheiratet.

Liz Cheneys „Vergehen" in der Partei: Sie stimmte im Februar 2021 im Impeachment-Prozess, dem zweiten, den Donald Trump über sich ergehen lassen musste, als eine von nur wenigen Republikanern gegen ihn. Verrat an der

Demokratie wirft sie ihm vor. Ein Präsident, der eine demokratische Wahl nicht anerkennt und entgegen aller Fakten behauptet, er habe die Präsidentschaftswahl gewonnen, sei kein Demokrat. Mehr noch, er stehe hinter dem Sturm auf das Kapitol am 6. Januar. „Der Präsident der Vereinigten Staaten hat den Mob um sich geschart, er hat gezündelt. Ohne ihn hätte es den Angriff auf das Kapitol nicht gegeben. Er hätte mit einem Machtwort einschreiten und die Gewalt stoppen können. Er hat es nicht getan."

Es geht um die Seele der Partei, so sieht es Liz Cheney. Aber sie steht mit ihren öffentlichen Anschuldigungen unter den Republikanern ziemlich alleine da. Aufgeben werde sie nicht, schwört sie, sie wolle nicht mitschuldig sein, wenn Donald Trump versucht, den Rechtsstaat und den demokratischen Prozess zu untergraben. „Ich werde alles tun, damit der Ex-Präsident nicht mehr auch nur in die Nähe des Oval Office kommen kann. Die Gefahr für die Demokratie ist noch nie so groß gewesen."

Trump, Trump und immer wieder Trump

Wie steht es um das Demokratiebewusstsein der Republikaner, die Donald Trump schalten und walten lassen?

Lindsey Graham, langjähriger Senator aus South Carolina, erklärt es so: „Es wäre verheerend für die Republikanische Partei, wenn sie nicht wahrnehmen wollte, dass Donald Trump die populärste Person in der Partei ist. Wenn wir ihn vertreiben wollten, nähme er die halbe Partei mit." Die Parteiführung im Kongress, die Minderheitsführer Mitch McConnell im Senat und Kevin McCarthy im Repräsentantenhaus, hatten Trump als mitverantwortlich für den Angriff auf das Kapitol erklärt, aber Parteiräson zählt offenbar mehr. Wenn Donald Trump, wie Graham nahelegt, tatsächlich die halbe Partei mitnehmen würde, dann stünde eine Spaltung im Raum, und die Auflösung der Partei, wie wir sie kennen.

Donald Trump ist kein und war nie ein echter Republikaner. Er hat in der Vergangenheit republikanische ebenso wie demokratische Kandidaten unterstützt, wer ihm gerade näher stand, darunter die Clintons – freilich lange bevor er 2016 gegen Hillary Clinton antrat und ihr den Beinamen Crooked Hillary verpasste. Wir sehr ihm das Establishment der Republikaner anfangs misstraute, zeigt schon die Tatsache, dass die Parteigranden im Vorwahlkampf um die Präsidentschaftskandidatur eine schriftliche Bestätigung verlangten, dass Trump unter keinen Umständen als Unabhängiger ins Rennen gehen werde.

Begeht die Republikanische Partei mit dem Rauswurf Liz Cheneys Verrat an sich selbst? Mitnichten, analysiert der in der Republikanischen Partei gut vernetzte konservative Kolumnist der „New York Times", Ross Douthat. Er sieht Cheneys Entmachtung als logischen Schritt. Sein Argument: Wenn von Anti-Trumpern angefachte interne Diskussionen die GOP dominieren, würde das nur Trumps Macht stärken, Trump-loyalen Kandidaten Auftrieb geben und seinen destruktiven Ideen eine Bühne bieten. Wenn die Parteiführung ihn ignoriert, kann sie hoffen, den längeren Atem zu haben und das Problem Donald Trump zu überdauern. Ohne viel Staub aufzuwirbeln, soll Trump still und leise entmachtet werden.

Mein bevorzugter Gesprächspartner in Washington, wenn es um Republikaner geht, ist Peter Rough. Er kommt aus Iowa, spricht dank seiner Kärntner Mutter perfekt Deutsch und arbeitet für das offiziell überparteiliche, aber den Republikanern nahestehende Hudson Institute, einen konservativen Thinktank. Wenn Wahlen bevorstehen und die Republikaner analysiert werden sollen, ist Peter ein gefragter Gesprächs-partner der deutschsprachigen Fernsehanstalten, auch des ORF. Eigentlich ist er Außenpolitiker, aber Peter Rough kennt die Republikaner sehr genau. Auch er sieht die Fokussierung auf Donald Trump als den falschen Weg: „Die Parteiführung möchte ihre Kritik auf die Biden-Regierung und Bidens Pro-gramm fokussieren. Liz Cheney hat seit dem 6. Januar keine Gelegenheit ausgelassen, ihre Opposition zu Trump zu dekla-rieren, und hat damit über Wochen und Monate für Schlag-zeilen gesorgt." Für die falschen Schlagzeilen eben.

Die Kernwählerschaft Trumps soll bei der Stange ge-halten werden, aber mit dieser Gruppe alleine, sie wird auf 30 Prozent geschätzt, sind keine Wahlen zu gewinnen. Wenn die Republikaner bei den Kongresswahlen im nächsten Jahr zulegen wollen, brauchen sie Unabhängige und die im letz-ten Wahlkampf so oft zitierten Wähler in den Vorstädten, die in der Mitte des politischen Spektrums stehen und großteils Joe Biden gewählt haben. Solange die Partei sich auf inter-ne Querelen konzentriert, ist das schwierig. „Wenn wir die Scheinwerfer und unsere Kritik auf die Vorhaben der Demo-kraten richten, kann das möglich sein", sagt Peter Rough. Die Republikaner hoffen offenbar, dass Joe Biden mit seinen Vorhaben, die viel progressiver sind, als Beobachter erwartet haben, die Wähler in der Mitte abschreckt.

Noch aber hängt Trumps Schatten über der Partei. Von seinem Golfplatz in Florida aus pöbelt er weiter. Auf Twitter oder Facebook darf er das nicht mehr, auf diesen Kanälen ist er gesperrt, also hat er sich auf E-Mails verlegt. Ein paar lan-den verlässlich jeden Tag auch in meinem Posteingang. „Save America PAC" ist der Absender, PAC steht für Political Ac-tion Committee, wer hier spricht, ist klar: Mit „Statement by Donald J. Trump, 45th President of the United States of Ameri-ca" sind die Beiträge übertitelt. Unflätig und beleidigend sind sie, wie wir es von den unzähligen Tweets, die er als Präsident abgesondert hat, kennen. „Liz Cheney ist eine verbitterte und schreckliche Person", heißt es da einmal, „sie ist eine Kriegstreiberin, hat keine Persönlichkeit, hat kein Herz", ein andermal. Und immer wieder geht es um die angeblich gewonnene Wahl: Als „The Big Lie", als die große Lüge, werde die Präsidentschaftswahl vom November 2020 in die Geschichte eingehen.

Eher belächeln kann man die Sätze, die Donald Trump von sich gibt, wäre da nicht die unglaubliche Tatsache, dass zwei Drittel der Trump-Wähler das Märchen tatsächlich glauben, das Trump ihnen erzählt: Die Demokraten hätten nur dank unlauterer Mittel die Präsidentschaft gewonnen und er, Donald Trump, sei der rechtmäßige Präsident, der demnächst wieder ins Weiße Haus einziehen werde. Keiner der Granden in der Republikanischen Partei glaubt tatsächlich, dass Trump die Wahl gewonnen hat. Die republikanische Parteiführung in jedem einzelnen der 50 Bundesstaaten hat den Wahlsieg Joe Bidens anerkannt. Tatsache ist aber, dass die Republikaner im Kongress in Washington sich nicht bemühen, das Bild vom Wahlbetrug zurechtzurücken. Der Terminus Alternative Fakten, den die Trump-Beraterin Kellyanne Conway zu Beginn der Amtszeit Donald Trumps geprägt hat, ist aus dem Vokabular der Republikaner bis heute nicht verschwunden.

Den Demokraten und den Medien liefern die Republikaner damit ein gutes Argument: Im Land, das die Demokratie zwar nicht erfunden hat, sich aber die älteste Demokratie der Welt nennt, werde an den Fundamenten ebendieser gerüttelt.

Die müde Demokratie

Mitten in der Hauptstadt Washington liegt der Campus der American University. Es ist ein typischer Universitätscampus, genau so, wie man ihn sich vorstellt: viel Grün, die Gebäude der einzelnen Fakultäten sind über den ausgedehnten Campus verstreut. Die American University ist eine angesehene Privatuniversität. Viele spätere Diplomaten und führende Politiker der ganzen Welt haben hier als Studierende begonnen. An der American University unterrichtet der Politologe James Thurber: Er ist ein exzellenter Kenner der amerikanischen Demokratie, der pointiert formuliert und stets ein offenes Ohr für Journalisten hat, die unter Produktionsdruck stehen und immer am liebsten sofort ein Interview hätten. Weißhaarig, stets gut gelaunt und immer ein freundliches Lächeln parat, strahlt James Thurber Erfahrung und Weltoffenheit aus. Österreich mag er. Gleich bei unserem ersten Treffen erzählt er mir von seinen Reisen nach Österreich und dass eine seiner ersten Freundinnen Österreicherin war.

James Thurber ist, wie er selbst von sich sagt, ein radikaler Mann der Mitte. Als solcher macht er sich Sorgen, wie er sagt, „um Extremismus am linken und am rechten Rand der Gesellschaft". Er macht sich auch Sorgen um den Zustand der Demokratie in den Vereinigten Staaten. Im Demokratie-Index, der jedes Jahr von der Zeitschrift „Economist" berechnet wird, sind die USA unter Trump von einer „vollständigen" Demokratie (full democracy) zu einer „unvollständigen" Demokratie (flawed democracy) abgerutscht. „Präsident Trump ist direkt dafür verantwortlich", sagt Thurber, „was er in den letzten vier Jahren getan hat und vor allem, wie er sich nach der letzten Wahl verhalten hat, schädigt die Demokratie."

Zur Demokratie gehört es, sich an die Spielregeln zu halten. Wer in freien Wahlen gewinnt, muss akzeptieren, dass er das nächste Mal in freien Wahlen verlieren kann. Donald Trump akzeptiert das nicht. Er stiftet seine Anhänger an, das Kapitol, ein Symbol der amerikanischen Demokratie, zu stürmen, weil ihm nicht passt, dass die Volksvertreter gerade dabei sind, das Wahlergebnis zu ratifizieren. Dass das toleriert wird, ist für viele Amerikaner unverständlich.

Donald Trump ist kein isoliertes Phänomen. Man braucht in Europa nur nach Polen oder Ungarn zu blicken und sieht, dass dort demokratische Einrichtungen erodiert werden, Meinungs- und Pressefreiheit und die Unabhängigkeit der Justiz immer weiter eingeschränkt werden. „Wir leben auf einem Planeten, auf dem sich die Balance zwischen autoritären Regimen und Demokratien in den letzten 20 Jahren in die falsche Richtung bewegt hat", sagt Cory Booker, demokratischer Senator von New Jersey und ehemaliger Präsidentschaftskandidat. „Das Auseinanderdriften, das wir hier in den USA beobachten, ist nicht gut für unsere Nation."

Ein Vergleich zwischen Ländern wie Polen und Ungarn und den USA hinkt aber. Dafür sorgt die strikte Gewaltentrennung, sorgen die „checks and balances", die in der amerikanischen Verfassung verankert sind: Der Präsident, der Kongress und unabhängige Gerichte kontrollieren einander und sorgen damit für ein Machtgleichgewicht. Selbst ein Präsident, der am liebsten die Regeln der Demokratie außer Kraft setzen möchte, kann das nicht tun, wie Donald Trump sehr zu seinem Unmut erfahren musste: Immer wieder setzten Richter von ihm erlassene Dekrete außer Kraft, machten ihm einen Strich durch die Rechnung.

Freilich, das Image des Landes, das sich so gern die älteste Demokratie der Welt nennt, ist angekratzt. Wie die Zeitschrift „The Economist" treffend formuliert: Die amerikanische Demokratie sieht müde aus. Die Faktoren, die zur Krise der Demokratie beigetragen haben, sind vielfältig. Das Vertrauen in politische Institutionen nimmt stetig ab. Immer wieder habe ich auf meinen Reisen ins Innere der USA, in den Teil des Landes, der von Ost- oder Westküstenbewohnern geringschätzig „Fly-Over-Country" genannt wird, gehört: Washington ist so weit weg, das hat nichts mit uns hier zu tun.

Umfragen untermauern das: Immer weniger Amerikaner, nur mehr 20 Prozent, haben Vertrauen in die Bundesregierung in Washington, hat das renommierte Meinungsforschungsinstitut Pew eruiert. Amerikaner waren schon immer und aus Prinzip der Zentralregierung in Washington gegenüber misstrauisch, aber das ist ein neuer Negativrekord: In den 1980er-Jahren waren es noch 40 Prozent.

Das Gezerre um die Wahlrechtsreform

Eine Verunsicherung, die sich aus dem demografischen Wandel in den USA erklärt, hat weite Bevölkerungsteile erfasst und geht einher mit Zweifeln, ob das Land sich in die richtige Richtung entwickelt. Das christliche weiße Amerika ist nicht mehr das Amerika der Zukunft. Knapp über 60 Prozent der Amerikaner sind Weiße, bis 2050 werden aber Weiße nicht mehr die Mehrheit stellen, ihr Anteil wird unter 50 Prozent der Bevölkerung liegen. Die Bevölkerungsgruppen der Hispanics und Asian-Americans werden am schnellsten wachsen, so die Demografen. Donald Trump wusste diese gesellschaftlichen Veränderungen geschickt auszunutzen. Er hat es verstanden, latent vorhandene Ängste vor Überfremdung in seiner Kernwählerschaft – der weißen, wenig gebildeten Arbeiterschicht – zu schüren. Soziale Medien, die vorgefasste Meinungen verstärken, haben ein Übriges dazu beigetragen. Man bewegt sich im Netz nun einmal am liebsten auf Plattformen mit ähnlich Denkenden, in Echoräumen.

Die Trump'sche Lüge von der gestohlenen Wahl hat im Frühjahr und Sommer 2021 auch eine intensive Diskussion darüber ausgelöst, was freie und faire Wahlen sind. Die Meinungen dazu gehen – wie bei so vielem in den USA – diametral auseinander.

In Arizona, einem an sich republikanischen Bundesstaat, der bei der letzten Präsidentenwahl zum ersten Mal seit mehr als 20 Jahren für einen demokratischen Kandidaten gestimmt hat, werden die Wahlzettel auf Anordnung des republikanischen, bundesstaatlichen Senats Monate später noch einmal ausgezählt. In mehreren anderen republikanisch dominierten Bundesstaaten werden restriktive Wahlrechtsänderungen durchgezogen oder sind angedacht.

Besonders umstritten ist die im Frühjahr 2021 im Bundesstaat Georgia verabschiedete Wahlrechtsreform. Einen „unverhohlenen Angriff auf die Verfassung" nennt sie Präsident Biden. Die Frühwahlen – die Stimmabgabe vor dem eigentlichen Wahltag – will Georgia einschränken, vor allem auch das Wählen an Sonntagen. Es sind gerade Schwarze, die traditionellerweise an Sonntagen, vor oder nach dem Kirchgang, wählen. Die Zahl der Wahllokale soll reduziert werden, überproportional in schwarzen Vierteln, beklagen die Demokraten. Es soll sogar verboten werden, Schlange stehende Wähler anzusprechen oder ihnen Wasser anzubieten. Das war dann doch zu viel. Die Bundesregierung schritt im Juni ein und klagte den Bundesstaat Georgia: Die verschärften Wahlbestimmungen würden Afroamerikaner diskriminieren. „Das ist Jim Crow im 21. Jahrhundert", sagte Joe Biden mit Blick auf die rassistischen Jim-Crow-Gesetze, mit denen Schwarze bis in die 1960er-Jahre unterdrückt wurden. Joe Biden hatte sich in Georgia dank schwarzer Wähler, die in Rekordzahlen zu den Urnen gingen, gegen Donald Trump durchgesetzt, er ist der erste demokratische Kandidat seit 28 Jahren, der Georgia für sich entscheiden konnte.

Was für Demokraten ein Versuch der Republikaner ist, sich in den von ihnen dominierten Bundesstaaten Vorteile für die im Herbst 2022 anstehenden Kongresswahlen zu sichern, sehen Republikaner, zumindest offiziell, als einen Schritt, um Wahlen sicherer zu machen und Wahlfälschung zu verhindern. „Ich bin sicher, manches, was da passiert, ist zynisch", sagt Peter Rough vom konservativen Hudson Institute. „Aber die Demokraten wollen jetzt die wegen der Pandemie eingeführten Lockerungen der Wahlbestimmungen institutionalisieren. Die Gesetzgeber wollen mit strikteren Vorschriften das Vertrauen in die Wahlen wiederherstellen", sagt er, „sie wollen sicherstellen, dass es keine unkontrollierte Stimmabgabe gibt."

Tatsächlich wurden die Bestimmungen zur Briefwahl und zur frühzeitigen Stimmabgabe aufgrund der Corona-Krise in vielen Bundesstaaten extrem gelockert, so viele Wähler wie noch nie wählten schon lange vor dem eigentlichen Wahltag. Und was soll schlecht daran sein, Ausweise zu verlangen, um die Identität von Wählern festzustellen?, argumentieren Republikaner. Ein nachvollziehbares Argument für Europäer, wo Wahlen sehr viel straffer organisiert sind als in den USA und selbstverständlich Lichtbildausweise vorgewiesen werden müssen. Für viele Schwarze in ländlichen Gebieten, die oft keine Lichtbildausweise besitzen, ist das hingegen nichts anderes als Diskriminierung.

Könnten Republikaner und Demokraten sich auf ein Wahlrecht einigen? Zweifelsohne – ein sicheres und einfaches Prozedere für Wahlen, ohne stundenlanges Anstellen vor den Wahllokalen, sollte im Interesse jeder Partei sein, der die Demokratie am Herzen liegt. In der polarisierten Atmosphäre unserer Zeit hat ein Versuch, beide Parteien für eine Wahlreform an Bord zu bekommen, aber kaum Chancen auf Erfolg. Die Spaltung zieht sich quer durch die Gesellschaft, quer durch die Institutionen, quer durch das Land.

Immigration –
das Problem an der Grenze
Hannelore Veit

Douglas Emhoff hat eine Arbeitsbeschreibung, wie es sie bisher noch nie gegeben hat: Er ist der Second Gentleman Of The United States, SGOTUS im Jargon des Weißen Hauses und der Journalisten. Am 20. Juni 2021 präsidiert er über eine Zeremonie in der Historischen Gesellschaft von New York an der Ecke 77. Straße und Central Park. Es ist Weltflüchtlingstag. 50 neue amerikanische Staatsbürger schwören an diesem Tag ihren Eid auf die amerikanische Verfassung: „Wir sind eine Nation von Immigranten", so Douglas Emhoff, „meine Familie ist eine Einwandererfamilie. Meine Frau ist eine Einwanderin. Amerika ist das Land, das es möglich macht. Die Menschen kommen, weil wir ihnen Chancen und Sicherheit geben. Einwanderer bereichern uns, sie machen Amerika zu Amerika."

Die Migrantentochter

Das Thema Migration steht für das Ehepaar Kamala Harris-Douglas Emhoff ganz oben auf der Prioritätenliste. Kamala Harris ist die Tochter von Einwanderern, sie ist in Oakland in Kalifornien geboren, ihr Vater kommt aus Jamaika, ihre Mutter aus Indien. Die Mutter war Krebsforscherin, der Vater ist emeritierter Professor der Wirtschaftswissenschaften an der Stanford University. Sie stammt nicht nur aus einer Einwandererfamilie, sie ist auch schwarz, oder „a person of color", beides Adjektive, mit denen sie sich selbst beschreibt. Kamala Harris hat an der schwarzen Eliteuniversität Howard in Washington und an der University of California studiert. Sie hat eine steile Karriere hingelegt, war Staatsanwältin in San Francisco, Justizministerin in Kalifornien, trat in dieser Funktion für gleichgeschlechtliche Ehe und gegen die Todesstrafe ein, und war Senatorin von Kalifornien, bevor sie sich um die demokratische Präsidentschaftskandidatur bewarb, sehr früh aber aufgab, nicht zuletzt aufgrund mangelnder finanzieller Unterstützung. Joe Biden kürte sie knapp vor dem (virtuell abgehaltenen) Nominierungsparteitag der Demokraten im August 2020 als „running mate", als Vizepräsidentschaftskandidatin. Eine Karrierefrau durch und durch, die aber immer wieder betont, wie wichtig ihr die Familie sei, wie sehr sie auf den Titel „Momala" stolz sei, den ihre Stiefkinder ihr verliehen haben – eine Frau, die nur Karriere im Sinn hat, das ist offenbar auch heute immer noch suspekt. Hillary Clinton hatte diese Lektion schmerzhaft lernen müssen. Ihr Sager, „Ich hätte auch zu Hause bleiben und Kekse backen können", hing ihr jahrelang nach. Douglas Emhoff war erfolgreicher Anwalt in Los Angeles und bestens vernetzt in Hollywood, als er Kamala Harris bei einem Blind Date kennenlernte. Seine beruflichen Interessen hat er zurückgesteckt, um das Amt des Second Gentleman zu übernehmen und überhaupt erst zu definieren. Mit der Umkehrung der traditionellen Geschlechterrollen kann er gut leben.

Der Immigrantentochter Kamala Harris hat Präsident Joe Biden die Migrationsagenden übertragen. Ein kluger Schachzug, leicht hat er es seiner Vizepräsidentin damit aber nicht gemacht. Einwanderung ist eines jener Themen, die die Amerikaner gerne „hot potato" nennen. Wie immer man es anfasst, man läuft Gefahr, sich dabei die Finger zu verbrennen.

Wer darf ins Land?

Republikanische und demokratische Präsidenten haben sich an einer Lösung versucht – und haben sich daran die Zähne ausgebissen. George W. Bush genauso wie Barack Obama. 2013 sah es schon fast so aus, als würden Demokraten und Republikaner sich endlich auf eine Einwanderungsreform einigen können. Um die Republikaner zur Zustimmung zu bewegen, versuchte Obama alles, auch und vor allem Abschiebungen. Während seiner Präsidentschaft wurden drei Millionen Menschen außer Landes gebracht, so viele wie unter keinem anderen Präsidenten. Die Einwanderungsreform platzte trotzdem. Eine neue Einwanderungswelle kam gegen Ende der Amtszeit Obamas auf die Vereinigten Staaten zu.

„Catch and release", dieser Begriff stammt eigentlich aus der Fischerei. Darunter versteht man das Fangen und wieder Freilassen von Fischen. „Catch and release" hat sich in den USA aber auch als Begriff für ein Programm für illegal ins Land gekommene Flüchtlinge durchgesetzt: Sie werden registriert und dann bis zum Gerichtstermin, Wochen oder Monate später, auf freien Fuß gesetzt. Wer keine reellen Chancen sieht, als Flüchtling akzeptiert zu werden, der taucht eben unter und erscheint nicht zum Gerichtstermin. Wer es einmal ins Land geschafft hat, wird meist auch bleiben können. In der Schattenwirtschaft lebt es sich ganz gut. Und ohne die elf Millionen illegal im Land lebenden Menschen aus Mexiko und Mittelamerika würde die Wirtschaft in manchen Teilen der Vereinigten Staaten zusammenbrechen.

„Catch and release" war unter mehreren Präsidenten immer wieder außer Kraft gesetzt, mangels Alternativen dann aber doch wieder praktiziert worden. Grenzbefestigungen, Zäune und Barrieren hielten die Menschen nicht ab.

Donald Trump versuchte es mit der harten Linie. Den Bau der Mauer an der Südgrenze zu Mexiko erklärte er zum zentralen Anliegen seiner Präsidentschaft. „Ich werde eine große Mauer bauen, niemand baut Mauern besser als ich", hatte er im Wahlkampf 2015 seinen Anhängern versprochen. „Ich werde eine große Mauer an unserer südlichen Grenze bauen und Mexiko dafür bezahlen lassen." Mexiko zahlte nicht, der Kongress, der „the power of the purse" hat, also für die Finanzierung zuständig ist und dem Präsidenten das Geld genehmigen muss, war auch nicht bereit, die vielen Milliarden, die er wollte, aufzubringen. Ein paar 100 Kilometer bestehender Zäune und Grenzanlagen wurden erneuert, weniger als 100 Kilometer wurden neu gebaut. Mit der Trennung von Familien an der Grenze machte Trump Negativschlagzeilen, Bilder von Kindern in Käfigen machen sich nicht gut, doch sie gingen um die ganze Welt. Eines hat Trump aber geschafft: Immer weniger Migranten aus Mittelamerika stießen auch tatsächlich bis zur mexikanisch-amerikanischen Grenze vor. Mit Mexiko hatte Trump einen Deal abgeschlossen: Der mexikanische Präsident Andrés Manuel López Obrador schickte das Militär an die Südgrenze seines Landes, um Migranten aus Honduras, Guatemala oder El Salvador schon dort aufzuhalten, Donald Trump verzichtete auf angedrohte Strafzölle für mexikanische Waren.

Mit Joe Biden geht es zurück in die Zukunft. Er sagt klipp und klar, dass die Mauer nicht weitergebaut wird. Viele Restriktionen der Trump-Regierung hat er gleich nach seinem Amtsantritt wieder aufgehoben. „Catch and release" gilt wieder.

Die Folgen waren absehbar: Die Zahl der Asylsuchenden – und mit ihr die Zahl der Schlepper – stieg rasant. Migranten, die vor Armut und Bandenkriegen in Zentralamerika flüchten, sahen neue Chancen unter der neuen Regierung, oft schickten sie ihre Kinder voraus. Die Zahl der unbegleiteten Minderjährigen schnellte zu Beginn des Jahres dramatisch nach oben, mit 19.000 Jugendlichen im März 2021 war ein neuer Rekord aufgestellt, sie alle mussten plötzlich an den Grenzen versorgt werden.

Joe Biden probiert es bisher mit gutem Zureden. „Do not come! Kommt nicht!", ist die Botschaft, die er nicht müde wird zu wiederholen. „Schickt eure Kinder nicht über die Grenze!" Ähnlich Kamala Harris, die einst selbst an der Grenze gegen die Internierung von Immigranten demonstriert hatte. „Do not come now! Kommt nicht jetzt!" Der neue Chef der Heimatschutzbehörde, Alejandro Mayorkas, selbst in Kuba geboren und als Kleinkind mit seinen Eltern in die USA emigriert, schlägt in dieselbe Kerbe.

Von links und von rechts steht die Biden-Regierung bei der Migration unter Druck. Republikaner kritisieren, dass einer unkontrollierten Einwanderung wieder Tür und Tor geöffnet seien. Alexandria Ocasio-Cortez, die Frontfrau der Linken in der Demokratischen Partei, will die Botschaft vom Zuhause-Bleiben nicht hören: „An einer US-Grenze um Asyl anzusuchen, ist eine 100 Prozent legale Methode, ins Land zu kommen", sagt sie, „die USA haben jahrzehntelang zu Regimewechseln und zur Destabilisierung in Lateinamerika beigetragen. Wir können nicht Häuser in Brand setzen und den Menschen dann vorwerfen, dass sie flüchten wollen."

Das Problem an der Wurzel zu packen ist immer ein sinnvoller Ansatz, ob er die erhofften Lösungen bringt, darf – mit Blick zurück in die Vergangenheit – bezweifelt werden. Jedenfalls probiert es die neue Regierung. Unternehmen werden angehalten, in Mittelamerika zu investieren, um die Wirtschaft dort anzukurbeln. Vizepräsidentin Kamala Harris reiste im Juni 2021 nach Guatemala und Mexiko. An mahnenden Worten für die Machthaber in Guatemala und den Nachbarstaaten Honduras und El Salvador lässt sie es nicht fehlen: Der Kampf gegen Korruption und Armut müsse ernsthaft aufgenommen werden, Menschenschmuggel und Bandenkriege müssten aufhören. „Unser Ziel ist es, den Menschen wieder Hoffnung zu Hause, im eigenen Land, zu geben."

Joe Biden müsste eigentlich wissen, dass solche Initiativen zwar ehrenwert sind, aber in der Vergangenheit nichts gebracht haben: Er selbst wurde als Vizepräsident von Barack Obama nach Mittelamerika geschickt, um den Regierungen dort ins Gewissen zu reden. Geändert hat sich nichts.

Hoffnung für die Dreamer

Eine Gruppe von Migranten, die illegal im Land lebt, darf unter Joe Biden wieder hoffen: die Dreamer, 800.000 junge Menschen, die als Kinder in die USA gekommen sind, meist aus Mexiko, in den USA aufgewachsen und perfekt integriert sind. Mit einer dieser „Träumerinnen" habe ich über die letzten acht Jahre Kontakt gehalten und ihr Schicksal mitverfolgt: Karen, heute Mitte zwanzig, lebt in Kalifornien, seit sie acht Jahre alt ist, besuchte eine zweisprachige Schule, spricht perfekt Englisch und hat ein abgeschlossenes Bachelorstudium hinter sich. Dem Trump'schen Klischeebild von Einwanderern, die kriminell sind und nur das System ausnützen wollen, entspricht die hübsche und immer topgestylte junge Frau so ganz und gar nicht. Die amerikanische Staatsbürgerschaft besitzt sie nicht, sie hat bis heute keine gültigen Aufenthaltspapiere. „Meine Heimat ist Kalifornien", sagt Karen, „ich habe kein anderes Zuhause." An Mexiko kann sie sich kaum noch erinnern. Wie ihr geht es Hunderttausenden anderen Dreamern.

Barack Obama wollte diesen jungen Menschen den Weg zur Staatsbürgerschaft ermöglichen. 2012 erließ er per Dekret neue Einwanderungsregeln: DACA, Deferred Action for Childhood Arrivals, hieß der Plan für Dreamer. Karen war damit vor Abschiebung geschützt, sie konnte den Führerschein machen und legal im Land reisen, sie konnte sich für ein Stipendium und für Jobs bewerben. „Ich hatte plötzlich neue Chancen", erzählte sie mir.

Obamas Nachfolger Donald Trump hob das Dekret auf. Die Zukunft der Dreamer Kids war wieder ungewiss. Sie waren zwar weiter geduldet – des Landes verweisen wollte auch Donald Trump sie nicht –, aber die Aussicht auf Staatsbürgerschaft war ihnen wieder genommen. Die Trump-Präsidentschaft war für Karen von Angst begleitet, nicht so sehr Angst um die eigene Zukunft als vielmehr Angst um ihre Eltern. Sie waren nicht durch die DACA-Regeln geschützt oder zumindest geduldet, bei ihnen konnte jederzeit ein Agent der ICE (Immigration und Customs Enforcement), der Polizei- und Zollbehörde des Heimatschutzministeriums, an die Tür klopfen und sie zur Abschiebung abführen.

Unter Joe Biden hoffen die Dreamer nun wieder – mit gutem Grund. Der Präsident will den Weg möglichst rasch ebnen und dieser Gruppe von in Amerika aufgewachsenen jungen Menschen die Chance geben, auch offiziell Amerikaner zu werden.

„Wir sind ein Land von Immigranten", das ist ein Satz, den ich in meinen vielen Jahren in den USA immer wieder gehört habe. Einwanderung ist das Fundament, auf dem die Vereinigten Staaten aufgebaut sind. Fast alle Amerikaner, die ich kenne, sehen ihr Land immer noch als klassisches Einwanderungsland, als Land, das ihren Vorfahren Hoffnung und neue Chancen gegeben hat. Von den Ureinwohnern Amerikas abgesehen stammen alle, auch Donald Trump, von Einwanderern ab. Mehr als zwei Drittel der Amerikaner befürworten Einwanderung. Legal und kontrolliert soll sie freilich sein.

Nur: Wer darf noch ins Land? Der liberale Journalist und Bestsellerautor Fareed Zakaria, selbst Migrant, sieht die USA längst nicht mehr als das Land der unbegrenzten Möglichkeiten. „Der amerikanische Traum lebt", sagt er, „aber nicht in Amerika."

Black Lives Matter

Hannelore Veit

„Sein Name war George Perry Floyd Junior", so beginnt der Staatsanwalt am 19. April 2021 sein Plädoyer im Prozess gegen den Polizisten Derek Chauvin. „Seine letzten Worte: I can't breathe."

Ein knappes Jahr nach dem Tod George Floyds findet im April 2021 in Minneapolis der Prozess gegen den Polizisten Derek Chauvin statt. Am 25. Mai 2020 hat er den 46-jährigen George Floyd ermordet: Neun Minuten und 29 Sekunden dauerte Floyds Überlebenskampf unter dem Knie des Polizisten, in Handschellen lag er auf der Straße, sein Gesicht auf den Asphalt gepresst. 27 Mal habe Floyd Chauvin angefleht, er bekomme keine Luft, Mr. Officer habe er ihn höflich genannt, schildert der Staatsanwalt, nach seiner Mutter habe der erwachsene Mann gerufen.

George Floyds Vergehen: Er wurde verdächtigt, mit einem gefälschten 20-Dollar-Schein in einem Geschäft bezahlt zu haben und sich gegen seine Festnahme gewehrt zu haben. Er war unbewaffnet.

Die 17-jährige Darnella Frazier filmte die Szene mit ihrem Handy. Ohne dieses Video hätte es den Prozess nie gegeben. George Floyd wäre einer von vielen Schwarzen gewesen, die in Polizeigewalt sterben, über die die Medien – möglicherweise – kurz berichtet hätten, aber dessen Namen die Öffentlichkeit schon bald wieder vergessen hätte.

Diesmal ist es anders. Die Kreuzung 38. Straße und Chicago Avenue in Minneapolis, die Kreuzung, an der er starb, heißt jetzt George Floyd Square. Der stets blumenübersäte Platz ist eine Gedenkstätte, eine Pilgerstätte für Schwarze aus ganz Amerika geworden. Die Kreuzung sei ein geweihter Ort der Heilung, heißt es schwülstig auf der Website der Stadt.

Während des Prozesses blickt ganz Amerika gebannt auf Minneapolis. Die Stimmung in der Stadt ist aufgeheizt. Geschäfte und Restaurants sind mit Brettern vernagelt, die Polizeistationen der Stadt sind mit Zäunen gesichert. 3000 Nationalgardisten sind zur Verstärkung hier stationiert. Die Stadt ist nicht wiederzuerkennen. Das Gerichtsgebäude selbst gleicht einer Festung. Davor wird demonstriert, Transparente mit Aufschriften wie „Ein Mord mit Dienstmarke ist immer noch ein Mord" oder „Gerechtigkeit für George Floyd" werden hochgehalten, „I can't breathe" skandieren die Demonstranten immer wieder. Die Angst vor Ausschreitungen und Gewalt ist enorm. Wenn Derek Chauvin freigesprochen wird, droht die Situation zu explodieren.

Die in einem Hotel kasernierten zwölf Geschworenen brauchen aber nicht lange. Nach elf Stunden steht das Urteil fest: Der Ex-Polizist wird in allen drei Anklagepunkten für schuldig befunden – schuldig des Mordes zweiten Grades, schuldig des Mordes dritten Grades und schuldig des Totschlags zweiten Grades. Als Richter Peter Cahill das Urteil verliest, gehen im Gerichtssaal die Emotionen hoch, viele der Anwesenden, sogar manche Journalisten, haben Tränen in den Augen. Derek Chauvin nimmt das Urteil regungslos zur Kenntnis, noch im Gerichtssaal werden ihm Handschellen angelegt und er wird abgeführt.

Ein Polizist, der bei einer Amtshandlung einen Schwarzen getötet hat und dafür zur Rechenschaft gezogen wird, das ist neu in Amerika.

„Meine Frau und ich haben zu Hause mitverfolgt, wie der Richter das Urteil der Geschworenen verkündet hat", schildert der schwarze Journalist und Harvard-Absolvent Clint Smith diesen Tag. „Mein Herz klopfte bis zum Hals, meine

Frau wippte nervös mit den Beinen, hielt die Hand vor den Mund, beide starrten wir gebannt auf den Fernseher." Für die beiden ging es um mehr als um ein Urteil gegen einen Polizisten, der einen Schwarzen getötet hatte. „Wenn wir die Floyds sehen, sehen wir unsere Familie." Wie die Smiths fühlen viele Schwarze in Amerika. Das hätte auch uns passieren können, dieser Gedanke schwingt mit.

Zwei Monate später wird das Strafausmaß für Derek Chauvin festgesetzt: 22,5 Jahre Gefängnis, nicht die von der Anklage geforderte Höchststrafe von 30 Jahren, aber weit mehr als die Mindeststrafe.

George Floyd ist zum Symbol geworden, zum Symbol für Rassismus in den USA: Das weiße Amerika hat sein Knie auf den Nacken des schwarzen Amerika gedrückt, und das, seitdem die ersten Sklaven im 17. Jahrhundert ins Land gebracht wurden, diesen Vergleich bringen Medien.

George Floyd hatte keine blitzsaubere Vergangenheit, war mit sich selbst nicht im Reinen, war zeitweise drogenabhängig, war auch im Gefängnis. Er hatte in seinem Leben Höhen und Tiefen durchgemacht. Seine Familie hat nach dem ersten Schock des Todes gelernt, mit Medien umzugehen, und sich zur Fürsprecherin einer Bewegung zu machen. George Floyds Bruder Philonise hat mit seinen Worten einen Nerv getroffen: „George hat die Welt in Wut versetzt, wir sagen, genug ist genug." Selbst die sechsjährige Tochter George Floyds, Gianna, wird medienwirksam eingesetzt: „Daddy hat die Welt verändert", ist der Satz, den sie immer wieder wiederholt. Es ist ein Satz, den auch Präsident Joe Biden wiederholt, als er am Jahrestag der Ermordung George Floyds dessen Familie im Weißen Haus empfängt. „Es muss etwas geschehen. Der Kampf um die Seele Amerikas ist ein ständiges Hin und Her zwischen dem amerikanischen Ideal, dass wir alle gleich geschaffen sind, und der harten Realität, dass der Rassismus uns schon lange auseinandergerissen hat", so Joe Biden. Gleich nach der Urteilsverkündung hatte er unmissverständlich klar gemacht: Der Schuldspruch gegen den Polizisten sei ein riesiger Schritt vorwärts im Kampf gegen systematischen Rassismus, aber nicht genug.

Sommer der Proteste – was bleibt?

Haben die Vereinigten Staaten wirklich einen Schritt vorwärts gemacht? Das fragen sich viele in den Monaten danach, als der erste Medienwirbel abgeflaut ist, die Diskussion aber weitergeht.

Ich habe in meinen acht Jahren in den Vereinigten Staaten über viele Fälle von Gewalt gegen Schwarze berichtet. Alle haben sie Entsetzen ausgelöst: Als in Florida der Weiße George Zimmerman, der den unbewaffneten 17-jährigen Schwarzen Trayvon Martin erschossen hatte, freigesprochen wurde, folgten Proteste. In Ferguson in Missouri wurde im Sommer 2014 der 19-jährige Mike Brown auf offener Straße von Polizisten erschossen – mit erhobenen Händen wohlgemerkt –, er hatte ihre Aufforderungen nicht befolgt, auf dem Gehsteig und nicht auf der Straße zu gehen. Wochenlange schwere Proteste waren die Folge. Ähnliche Fälle gab es mit fast angstmachender Regelmäßigkeit. Die Proteste flauten immer wieder ab. Nichts änderte sich. Bis George Floyd. „I can't breathe" wurde im Sommer 2020 zum Motto der größten Protestbewegung seit der Bürgerrechtsbewegung der 1960er-Jahre.

Die Hauptstadt Washington war in diesem Sommer nicht wiederzuerkennen. Die Corona-Krise, der Lockdown und vor allem die Proteste hatten das Stadtbild völlig verändert. Die Innenstadt war menschenleer, die Glasfronten der Bürogebäude und Geschäfte mit Brettern zugenagelt, nur Demonstranten, Polizei und Journalisten hielten sich in den Straßen von Downtown Washington auf. Die Black-Lives-Matter-Bewegung war in aller Munde. Dass sie zu solcher Stärke anwachsen konnte, hatte auch mit dem Präsidenten zu tun. Verbarrikadiert, im buchstäblichen Sinn des Wortes, residierte Donald Trump im Weißen Haus. Zaunreihe um Zaunreihe ließ er zuerst um das Weiße Haus, dann auch um den davor liegenden Lafayette-Park errichten. Barrikaden schirmten den Präsidenten von der Stadt ab, und die Stadt vom Präsidenten. Verständnis für die Proteste war von Donald Trump nicht zu erwarten. Im Gegenteil: Er schockierte mit seinem Schweigen, und noch mehr mit seinen Aussagen und Taten. Für Empörung sorgte er Anfang Juni 2020 mit einem PR-Stunt vor der dem Weißen Haus gegenüberliegenden St. John's Episcopal Church. Mit hochgehaltener Bibel ließ er sich fotografieren – seht her, was für ein religiöser Mensch ich bin, sollte die Botschaft an christliche Wähler sein. Demonstranten, die vor dem Lafayette Park, zwischen Weißem Haus und Kirche, friedlich gegen Polizeigewalt und Rassismus demonstrierten und ihm im Weg waren, ließ er vorher brutal mit Tränengas und Schlagstöcken vertreiben. Bilder dieser Szenen gingen um die ganze Welt. Wenn Trump damit etwas bewirkte, dann wohl nur das Eine: Die Demonstranten wurden in ihrer Haltung bestärkt.

Haben diese Proteste Veränderung gebracht? Mein schwarzer Kameramann, ein gebildeter und abgeklärter Mann, der in seinen mehr als 60 Jahren selbst erlebt hat, was Rassismus heißt, schöpfte in diesem Sommer Hoffnung. Weiße und Schwarze, vor allem junge Menschen, kamen aus den wohlhabenden Vorstädten, um mitzumachen. Auch die schwarze Mittelklasse, die sich bei Protesten in der Vergangenheit zurückgehalten hatte, engagierte sich. Die Bürgermeisterin der Stadt, Muriel Bowser, eine schwarze Demokratin, stellte sich demonstrativ auf die Seite der Demonstranten und gegen den Präsidenten: Angestellte der Stadt rückten an einem Junitag in den frühen Morgenstunden aus und malten „Black Lives Matter" in großen, gelben Lettern auf die 16. Straße, die direkt zum Weißen Haus führt. Die Bevölkerung der Hauptstadt half nach anfänglichem Staunen eifrig mit. Den Platz vor dem Lafayette Park ließ Muriel Bowser in Black Lives Matter Plaza umbenennen. Die Stadtherrin gegen den ersten Mann im Land: ein Showdown, in dem Muriel Bowser geschickt agierte. Mein Kameramann Doug unterstützte mich in diesen Wochen nicht nur hinter der Kamera, er – als Betroffener – war auch ein wertvoller Diskussionspartner. „Ein Benzinkanister und Feuer", sinnierte er während eines Interviews vor dem abgezäunten Weißen Haus, „man versucht, sie getrennt zu halten. In dieser Stadt sind sie zur selben Zeit am selben Ort. Und Trump gießt immer wieder Benzin ins Feuer. Die Bürgermeisterin macht ihren Job fantastisch, sie hat sich selbst zur Zielscheibe gemacht und hat so die Gewalt unter Kontrolle gebracht."

Black Lives Matter Plaza heißt der Straßenabschnitt vor dem Weißen Haus immer noch. Proteste gibt es dort kaum mehr. Aktionen mit Volksfestcharakter haben sie abgelöst. An einem Juniwochenende 2021 lädt die Bürgermeisterin zum gemeinsamen Workout, für die ersten 100 Teilnehmer gibt es gratis Trainingsmatten, Bands spielen auf, und eine Impfstraße ist eigens eingerichtet. Es darf aber davon ausgegangen werden, dass nur teilnimmt, wer auch an die Black-Lives-Matter-Bewegung glaubt.

Der Sommer der Pandemie und des Protests sensibilisierte nicht nur Schwarze, sondern auch viele Weiße. Die Zustimmung in dieser Bevölkerungsgruppe schnellte rasant nach oben. Von Dauer war das allerdings nicht. Ein Jahr später ist die Bilanz ernüchternd: Umfragen zeigen, dass im

Sommer 2021 längst nicht mehr so viele Weiße hinter Black Lives Matter stehen, die Zustimmung ist wieder auf die Werte von 2019 gesunken ist, also auf Werte, bevor der Fall George Floyd die Nation bewegte. Ein Jahr Kampf gegen den Rassismus war für viele offenbar genug.

Systematischer Rassismus

Und doch hat die Protestwelle bleibende Folgen: Die Nation diskutiert über Rassismus und über die Wurzeln des Rassismus. Mitten in der Hauptstadt Washington liegt die Eliteuniversität Howard, die als schwarze Eliteschmiede bekannt ist. Greg Carr leitet dort das Institut für Afroamerikanische Studien. Er ist einer meiner bevorzugten Interviewpartner, wenn es um Schwarze und Rassismus geht. Greg Carr strahlt Herzlichkeit aus, er ist groß und schlank, elegant, gutaussehend, immer in afrikanische Hemden gekleidet. Warum Polizeigewalt gegen Schwarze in den letzten Jahren, schon vor George Floyd, zu einem großen Thema geworden ist, dafür hat Greg Carr eine sehr nüchterne Erklärung: „Die Technologie hat sich geändert. Die Menschen sind in der Lage, Polizeiübergriffe zu dokumentieren und tun das auch. Wir alle sehen diese Videos. Polizisten haben Kameras am Armaturenbrett, sie haben Bodycams, alles wird auf Video festgehalten. Wir Schwarze haben immer gewusst, dass wir ungleich behandelt werden, jetzt können es alle sehen."

Ein Video, jenes der 17-jährigen Darnella, war es auch, das den Fall George Floyd zum Auslöser der gigantischen Protestwelle des letzten Sommers gemacht hat. „Bei all den tragischen Beispielen von Gewalt gegen Schwarze geht es nicht um Einzelfälle", analysiert Greg Carr, „es ist immer dasselbe Narrativ: Es geht um das Verhältnis zwischen Schwarz und Weiß. Es geht um Ungleichheit, um Armut, um Arbeitslosigkeit. Rassismus ist in den USA ein Teil des Systems und war schon immer Teil des Systems."

Das wirtschaftliche Ungleichgewicht hat in der Sklaverei seine Anfänge und hält bis heute an. „Mit dem Ende des Bürgerkriegs waren vier Millionen Menschen plötzlich freigesetzt in einer Marktwirtschaft, ohne Geld, ohne Land, ohne Voraussetzungen, sich wirtschaftlich zu etablieren", so Greg Carr. „In den letzten 150 Jahren hat es eine kleine Gruppe wirtschaftlich und politisch geschafft. Aber die große Mehrheit hat immer noch mit strukturellen Nachteilen zu kämpfen: mangelnder Bildung, mangelnden wirtschaftlichen Möglichkeiten. Es gibt immer noch diese große Masse, die versucht, sich zu etablieren."

Wer das Pech hat, schwarz zu sein und in Mississippi, dem ärmsten US-Bundesstaat, zu leben, wird auch heute nur schwer aus dem Teufelskreis fehlende Bildung – Armut – Kriminalität herausfinden. Die öffentlichen Schulen dort sind als die schlechtesten im ganzen Land bekannt. Wer es sich leisten kann, schickt seine Kinder in Privatschulen, aber das kann sich eben nicht jeder leisten. Von einer Reportage-Reise in das Mississippi-Delta, den Geburtsort des Blues, eine mehrheitlich von Schwarzen bewohnte Region im Nordwesten des Bundesstaates, die zwar den Namen Delta trägt, aber nichts mit dem eigentlichen Flussdelta zu tun hat, habe ich bleibende Eindrücke mitgenommen: Hoffnungslosigkeit, Armut und das Gefühl, dass sich hier nie etwas ändern wird, vermitteln die Menschen, die dort leben. Meine Reportage war wie eine Zeitreise zurück in die Vergangenheit.

Eine wirkliche Aufarbeitung der Geschichte der Sklaverei hat es in den Vereinigten Staaten bis heute nicht gegeben. Nach dem Bürgerkrieg sorgten die Jim-Crow-Gesetze für Jahrzehnte legaler Segregation und systematischer Unterdrückung von Afroamerikanern, gefolgt von Jahrzehnten von Ignoranz und Nichtwahrhabenwollen bestehender Diskriminierung durch Teile der Bevölkerung.

Strukturen und Praktiken, die Schwarze benachteiligen, sind nicht immer auf den ersten Blick evident. Von Alltagsrassismus hat mir freilich noch jeder schwarze Mann, jede schwarze Frau, die ich kenne, erzählt; auch der Universitätsprofessor Greg Carr, der mehrmals wegen eines angeblich kaputten Bremslichts gestoppt wurde. Ein „Vergehen", für das Afroamerikaner eine eigene, halb scherzhafte Bezeichnung gefunden haben: „driving while black". Ein Schwarzer in einem Auto ist Grund genug für eine Verkehrskontrolle. „Auf die Frage, warum ich angehalten wurde", erzählt der Universitätsprofessor, „bekam ich einmal die Antwort: Wollen Sie die Nacht in der Zelle verbringen?" Jeder, auch Ex-Präsident Barack Obama, spricht von Momenten, die Schwarzen das Anderssein bewusst machen, Klicks von Autotüren, die verschlossen werden, wenn sie über einen Parkplatz gehen, oder Frauen, die ihre Handtaschen im Lift enger an sich halten. Teenager in Mississippi erzählten mir, dass ihre Mütter ihnen vor der ersten Fahrstunde eintrichtern: „Wenn du angehalten wirst, leg die Hände aufs Armaturenbrett, sprich den Polizisten höflich mit Officer an, und mach alles, was er sagt."

Auch die Covid-Krise hat strukturellen Rassismus ans Tageslicht gebracht. Im Verhältnis starben mehr Schwarze als Weiße an Covid. Schwarze haben weniger Zugang zum Gesundheitswesen, leben oft in beengten Verhältnissen, sind weniger gebildet. Dabei waren es vor allem Schwarze, die im Lockdown dafür sorgten, dass lebensnotwendige Dienstleistungen erhalten blieben. Gerade in der Hauptstadt Washington, die mehrheitlich schwarz ist, war das zu beobachten. Wer einen Supermarktjob hat, kann eben schwer im Homeoffice arbeiten.

Der Tod von George Floyd hat etwas bewegt, das ist auch in Künstlerkreisen zu spüren. Aziza Gibson Hunter ist Mitbegründerin der Vereinigung schwarzer Künstler in Washington. Sie lebt und arbeitet in der Hauptstadt, in einem wohlhabenden Stadtteil nahe dem Rock Creek Park. Gepflegte Häuser und Gärten säumen die Straße. Eine Garage im Hintergarten ihres Hauses hat Aziza zu einem Atelier umgebaut. Afrika als immer wiederkehrendes Motiv ist in ihren Bildern und Collagen deutlich zu erkennen, schon die Farben, erdige Rot- und Gelbtöne, erinnern an den Kontinent ihrer Vorfahren. Aziza ist eine von neun schwarzen Künstlerinnen, die gemeinsam das „Project 2020" ins Leben gerufen haben, eine Buchreihe, die die Erfahrungen und Emotionen dieses Jahres einfangen soll, „eines der turbulentesten der letzten 100 Jahre", wie die Künstlerinnen es nennen. Das Motto „I can't breathe" dreht Aziza ins Gegenteil um: „George Floyd hat gesagt: I can't breathe. Mit seinem Tod hat er uns Schwarzen aber Luft zum Atmen gegeben. Wir können jetzt darüber reden, dass wir aufgrund unserer Hautfarbe nicht die Jobs kriegen, die wir wollen, dass wir bei Bildung benachteiligt sind, dass unser Wasser nicht sauber ist, dass wir nicht respektiert werden. Er hat uns Luft zum Atmen gegeben – wir können jetzt sagen: Schaut her, das ist unser Alltag."

Struktureller Rassismus ist zum Thema geworden. So viel und so intensiv wie noch nie wird darüber diskutiert.

Polizeireform – der große Wurf?

„Defund the police", nehmt der Polizei das Geld weg, war ein Slogan, der bei Protesten immer wieder zu hören war. Einige Demonstranten verlangten die völlige Abschaffung der Polizei, ganz so radikal sind die Rufe heute, nachdem die erste Wut abgeflaut ist, nicht mehr. Die Erkenntnis, dass ein Land ohne Polizei sehr schnell in Anarchie und Chaos münden würde, setzte sich durch.

Eine Reform des Polizeiwesens wollte Joe Biden schnell durchziehen, sie bereits im Mai 2021 verabschieden. Das ist sich nicht ausgegangen. Noch wird im Kongress darum gerungen, im Senat, in dem die Demokraten eine hauchdünne Mehrheit haben, spießt es sich. Das Maßnahmenpaket sieht unter anderem ein Verbot von Würgegriffen oder von Racial Profiling – Polizeikontrollen allein aufgrund von Herkunft und äußeren Merkmalen – vor. Auch soll es eine nationale Datenbank für Fehlverhalten geben. Bisher war es möglich und auch üblich, dass ein wegen Gewalttätigkeit entlassener Polizist bei einer anderen Polizeibehörde anheuern konnte, ohne dass diese etwas von seiner Vergangenheit wusste.

Die Statistik spricht eine klare Sprache: Mehr als 1000 Amerikaner sind im letzten Jahr von Polizisten getötet worden, fast 30 Prozent davon waren Schwarze. Ihr Bevölkerungsanteil beträgt allerdings nur 13 Prozent. Schwarze werden doppelt so häufig von Polizisten getötet wie Weiße.

18.000 Polizeibehörden gibt es in den Vereinigten Staaten, alle mit eigenen Regeln und Verhaltenskodizes. Einige haben schon in den letzten Jahren gezeigt, dass es auch anders geht. Bestes Beispiel ist die Stadt Newark, die in den 1960er-Jahren schwerste Ausschreitungen und Zerstörung erlebt hat und bis vor wenigen Jahren eine extrem hohe Kriminalitätsrate hatte. „Bei den jüngsten Black-Lives-Matter-Protesten", grinst mein Kameramann Doug, der die Szene genau beobachtet, „konnte der Polizeichef es gar nicht erwarten, mit den Demonstranten niederzuknien. Er hat gewusst, was zu tun ist." Zu Gewalt wie in anderen Städten der USA ist es in Newark dank Polizeichef Darnell Henry nicht gekommen. Eine seit 2016 durchgezogene Polizeireform baut auf Deeskalationstraining, Anti-Bias-Training und vertrauensbildenden Maßnahmen auf. Gemeinsam mit der Bevölkerung wurden Konzepte erstellt, wie Polizeiarbeit aussehen sollte, und diese in die Praxis umgesetzt. Während der Proteste im letzten Sommer rückten Polizeieinheiten nicht in gepanzerten Fahrzeugen und schusssicheren Westen an, sie waren präsent, aber hielten sich zurück. „Die Bevölkerung hat uns geholfen, zu deeskalieren", so beschreibt es der Polizeichef. Wie viel der Protestsommer tatsächlich erreicht hat, wird wohl erst in einigen Jahren messbar sein. Es wird davon abhängen, wie sehr die Biden-Regierung sich tatsächlich für ein Aufarbeiten der Vergangenheit einsetzt, und wie die öffentliche Diskussion sich weiterentwickelt.

Ein Jahr nach den Protesten manifestiert sich zurzeit immer deutlicher eine konservative Gegenbewegung. In mehreren Bundesstaaten unter republikanischer Kontrolle, wie Montana, Texas oder Oklahoma, wird gerade heftig über die „Kritische Rassentheorie" diskutiert, manche Bundesstaaten haben sie bereits aus den Lehrplänen verbannt. Befürworter dieser Theorie sehen sie als Schritt zur Bewusstseinsbildung, der vermitteln soll, wie struktureller Rassismus eine Gesellschaft beeinflusst. Gegner sehen darin den Versuch, Gruppen gegeneinander auszuspielen, Weiße als Unterdrücker abzustempeln.

Wie so viel in diesem Land spaltet auch diese Frage die Nation. Die Diskussion wird großteils in Schwarz-Weiß-Tönen, in Pro- und Kontra-Argumenten geführt, Zwischentöne, derer es viele gibt, werden ausgeklammert.

Die Polarisierung der Medien
Hannelore Veit

Wenn die Fakten nicht ins Konzept passen, dann rückt man sie eben zurecht. So geschehen am Tag Zwei nach Donald Trumps Amtsantritt als Präsident. Donald Trump ärgert sich über Bilder in den Medien: „Journalisten gehören zu den unehrlichsten Menschen der Erde. Die Mall war voll, eine Million Menschen, eineinhalb Millionen Menschen waren da, und im Fernsehen haben sie die praktisch leere Mall gezeigt." Der neue Präsidentensprecher Sean Spicer legt noch nach. „Das war die größte Menschenmenge, die es je bei einer Inauguration gegeben hat. Punkt."

Diese „Fakten" waren leicht zu widerlegen: die „New York Times" verglich Fotos der Inauguration Trumps mit Fotos der Inauguration Obamas, aufgenommen zur genau gleichen Uhrzeit acht Jahre davor. Die Washingtoner Verkehrsbetriebe legten Zahlen vor: 570.000 Menschen hatten am Inaugurationstag die öffentlichen Verkehrsmittel benutzt, halb so viele wie am Tag der ersten Inauguration Obamas. Die immer loyale Beraterin Trumps, Kellyanne Conway, veranlasste das zur wohl kreativsten Wortschöpfung der letzten Jahre: Das seien eben „alternative Fakten" gewesen.

Damit war klar, wie sich das Verhältnis Präsident vs. Medien die nächsten vier Jahre gestalten würde. Vier Jahre lang galt: großes Drama, große Konflikte – kein Tag, an dem Trump nicht Aussagen machte, die die Medien entrüstet kommentierten, aber auch kein Tag, an dem Trump nicht in allen Medien präsent war. Fake News nannte er Mainstream-Medien wie CNN, die „New York Times" oder die „Washington Post", mit dem Etikett „enemy of the people" – Volksfeinde – bedachte er Medien pauschal.

Man hätte ihn nicht ernst nehmen und seine Aussagen als bizarr abtun können, wäre da nicht die Tatsache gewesen, dass seine Wählerbasis ihn sehr wohl ernst nahm. Alle Kameramänner, die ich kenne – es waren tatsächlich nur Männer –, fühlten sich bei Wahlkampfveranstaltungen zumindest unwohl, manche wurden offen bedroht. Einer weigerte sich, weiter bei Trump-Rallyes zu arbeiten, nachdem er mitsamt seiner Zehntausende Dollar teuren Kameraausrüstung zu Boden gestoßen worden war. „Dreht euch nur um, da hinten steht sie, die Lügenpresse. Sie sollen ihre Kameras auf euch schwenken", ätzte Trump bei fast jeder seiner Veranstaltungen. Direkt zu den Kameraleuten dann: „Schwenkt eure Kameras und zeigt, wie viele Menschen hier sind." Und zum Publikum: „Schaut, sie tun es nicht." Eine absurde Aufforderung: Von der dicht gedrängten Pressetribüne am hinteren Ende des Saals oder Stadions über die Menge zu schwenken, ist fast unmöglich, ganz abgesehen davon, dass die TV-Sender selbstverständlich immer auch Totaleinstellungen des Publikums zeigten. Laute Buhrufe ernteten wir als Journalisten allemal.

Den Medien misstrauen

„Es ist paradox. Der Qualitätsjournalismus war unter Trump einerseits unter Beschuss, andererseits hat er Auftrieb erhalten", sagt Frank Sesno, einer der angesehensten Medienexperten in Washington. Er ist der Chefstratege des Medien- und Publizistikinstituts der George Washington University und beschäftigt sich mit Medien der Zukunft. Er redet schnell, in druckreifen Sätzen und in perfekten Soundbites für Fernsehen und Radio. Das hat er aus seiner früheren Karriere bei CNN mitgebracht. Dort hat er so ziemlich alle klassischen Stationen eines TV-Journalisten durchlaufen: Er war Bürochef in

Washington, Korrespondent im Weißen Haus, Moderator und Talkshow-Gastgeber. „Verantwortungsvoller Journalismus ist wichtiger denn je", sagt Frank Sesno. „Journalisten können gegen autoritäre Tendenzen und Rassismus auftreten, indem sie diese Tendenzen zum Thema machen und die Öffentlichkeit dafür sensibilisieren. Sie haben es getan: Es hat in den Trump-Jahren extrem guten Journalismus gegeben. Das ist die positive Seite. Die negative Seite: Es gibt jetzt mehr Meinung als ausgewogene Berichterstattung, die Fernsehsender sind sehr, sehr polarisiert. Auch Qualitätszeitungen wie die ‚New York Times' oder das ‚Wall Street Journal' sind in ihrer Ausrichtung ideologischer geworden. Und einige Medien sind überhaupt zu reinen Verfechtern einer Ideologie geworden."

Die Polarisierung, die sich durch die Gesellschaft zieht, zieht sich auch durch die Medien. Für uns journalistische Beobachter war das über die letzten vier Jahre sehr deutlich zu erkennen. Fox News am rechten Rand hat sich immer mehr zum Sprachrohr Donald Trumps entwickelt. MSNBC am anderen Ende des Spektrums, und auch CNN, zum Anti-Trump-Sender. Es war für mich immer lehrreich, an ein und demselben Tag Frühstücksfernsehen – in den USA eine wichtige Sendung – auf Fox News und auf CNN zu schauen, zwischen den beiden hin und her zu schalten: Nicht selten glaubte ich mich auf zwei verschiedenen Planeten.

Studien des renommierten Meinungsforschungsinstituts Pew zeigen, dass das Vertrauen der Amerikaner in die Medien sinkt. Als verlässlich gilt bei Republikanern vor allem Fox News, ein Sender, der, abgesehen von den klassischen Abendnachrichten, vor allem rechtspopulistische Meinungsmache im Programm hat. Demokraten haben größeres Vertrauen in den Journalismus und betrachten mehr Medien als verlässlich, darunter die großen TV-Sender ABC, NBC und CBS. Noch etwas dokumentiert Pew: Alle Amerikaner sehen Falschinformation als großes Problem, sind sich aber nicht einig darüber, was Falschinformation ist. Was für die einen Fakten, ist für die anderen Fiktion.

In konservativen Kreisen herrscht tiefes Misstrauen gegen Mainstream-Medien. Sie alle seien linksgerichtet, eine konservative Weltanschauung habe darin keinen Platz. „Trump hat es so schwer in Washington, er hat ja die Medien gegen sich", diesen Satz habe ich von Trump-Anhängern immer wieder gehört. Oder, wie mir ein Trump-Fan im tiefen North Dakota sagte: „Trump soll die Menge am 6. Januar angestachelt haben? Wenn das die Mainstream-Medien behaupten, dann ist das für mich ein Grund, es nicht zu glauben." Dieses Misstrauen gegenüber Medien und gegenüber Institutionen allgemein hat tiefe Wurzeln, erklärt Frank Sesno. „Das geht zurück bis zur Amerikanischen Revolution. Wir Amerikaner misstrauen der Regierung, misstrauen den zentralen Institutionen. In den letzten 40 Jahren hat sich da viel angesammelt: wachsende Ungleichheit, stagnierende Löhne für Arbeiter, Jobs, die ins Ausland abgewandert sind. Niemand in Washington oder an der Wall Street hat für die Rezession einen hohen Preis bezahlen müssen. Die Menschen in den Bundesstaaten da draußen aber haben ihre Jobs verloren, ihre Ersparnisse sind geschrumpft, nicht selten haben sie auch ihre Häuser verloren. Diese Anti-Elite-, Anti-Washington-Haltung, die Trump schürte und die 2016 plötzlich sichtbar wurde, ist über lange Zeit entstanden." Fox News wusste diese Menschen zu erreichen und wusste, was sie hören wollten.

Auch Qualitätsmedien müssen sich Kritik gefallen lassen. Die „Washington Post" hatte es sich zur Aufgabe gemacht, Trumps Lügen und Halbwahrheiten zu zählen, und kam auf mehr als 30.000 im Lauf seiner Amtszeit. Doch nicht alles, was Trump von sich gab, war automatisch falsch, nur weil Trump es sagte und die Medien reflexartig reagierten.

Ein Beispiel: die Theorie vom Ursprung des Coronavirus. „Das chinesische Virus" hat Trump das Virus kurz nach dem Ausbruch der Pandemie genannt, aus einem Labor in Wuhan sei es entwichen, die Chinesen seien schuld an der Pandemie, hatte er behauptet. Wir Medien orientierten uns an denen, die Trumps Behauptungen ins Lächerliche zogen, die seine „chinesische" Virus-Theorie rassistisch nannten, wir orientierten uns nicht an den Fakten, oder besser gesagt: den fehlenden Fakten. Trumps Interpretation als eine Möglichkeit von vielen darzustellen, war langweilig, sich über Trump zu entrüsten, brachte Schlagzeilen. Ein Jahr später weist Trumps Nachfolger Joe Biden die Geheimdienste an zu prüfen, ob die Labortheorie nicht doch richtig sei und ob das Virus aus einem Labor in Wuhan stammen könnte. Medien, die sich als unvoreingenommen betrachten, sollte das eine Warnung sein.

Was Donald Trump den Medien brachte, waren Rekordquoten. „Donald Trump mag nicht gut sein für Amerika, für CBS ist er verdammt gut", sagte der damalige CBS-Chef Leslie Moonves gleich zu Beginn der Trump-Präsidentschaft. Alle großen US-Zeitungen und TV-Sender stockten mit Trumps Amtsantritt ihre Büros in Washington auf. Die drei größten Kabelsender, CNN, Fox und MSNBC, verdoppelten ihre Prime-Time-Zuschauerzahlen von 2,8 Millionen im Jahr 2014, also der Zeit vor Trump, auf 5,3 Millionen im Jahr 2019. „Ohne mich werden die Quoten nach unten rasseln", prophezeite Donald Trump, als er aus dem Amt schied. Er sollte recht haben. Seit dem Rekordmonat Januar 2021, dem Monat, in dem das Kapitol gestürmt wurde und der zweite Amtsenthebungsprozess gegen Trump begann, geht es mit den Quoten bergab. Der Medienexperte Frank Sesno identifiziert drei Kriterien, die News zu Top News machen: Angst, Konflikt und Human Interest: „Auf Donald Trump trafen alle drei zu. Seit dem Kalten Krieg haben wir so etwas nicht gesehen." Donald Trump war ein Quotenbringer ohnegleichen. Joe Biden, der „normale" Präsident, ist es nicht.

Die Trump-Jahre haben die Medien verändert, doch langsam finden die Qualitätsmedien zurück zu traditioneller Berichterstattung, sind skeptisch gegenüber allen Seiten. Zeitungen wie die „New York Times", die zwar eine Wahlempfehlung für Joe Biden abgegeben haben, kommentieren sein Programm trotzdem kritisch. Biden beginnt den Tag nicht mit angriffigen Tweets um 5 Uhr früh, um die Schlagzeilen zu beherrschen. Er hat ruhigeres Fahrwasser versprochen, und er hält sich an dieses Versprechen. Für Medien, die auf Sensationen aus sind, ist es langweilig geworden. Und das ist gut so.

Der neue Stammtisch

Klassische Medien sind in den USA, und nicht nur dort, immer stärker von Sozialen Medien getrieben. Alles muss schneller gehen, die Konsumenten wollen Instant News. Facebook, Twitter, Instagram und Co. haben zur Polarisierung der Medienlandschaft beigetragen. Noch einmal Frank Sesno: „Soziale Medien haben unglaubliche Macht. Sie schaffen Blasen. Sie bringen ein Maß an Anonymität und ein Maß an Unhöflichkeit und Grobheit, das wir im persönlichen Kontakt nicht tolerieren würden." Früher war es der Stammtisch, jetzt sind es Soziale Medien. Nur dass Meinungen am Stammtisch auf ein Wirtshaus beschränkt blieben und Soziale Medien die ganze Welt erreichen.

Und: Sie nähren Verschwörungstheorien. In Zeiten der Unsicherheit haben diese Hochkonjunktur: Bill Gates steckt hinter dem Coronavirus, Neil Armstrong ist nie auf dem Mond gelandet, Geheimbünde bereiten eine autoritäre Weltordnung vor, das sind nur einige der gängigsten Verschwörungstheorien. Weltweit, nicht nur in den USA. Es fällt schwer, rational zu erklären, wie das in unserer Wissensgesellschaft passieren kann. Wer sich im Pluralismus unserer Welt verloren fühle und nicht mehr wisse, wem er glauben und wie er damit fertig werden soll, der klammere sich eher an Fundamentalismen und bewege sich in verschwörungstheoretischen Zirkeln, ist eine Erklärung. Die Religion als Bindekraft sei nicht mehr in dem Ausmaß vorhanden, wie sie es früher war, auch das sei ein Faktor, so der Kommunikationswissenschaftler Jürgen Grimm von der Universität Wien.

Zurzeit wird in den USA eine intensive Diskussion darüber geführt, was Meinungsfreiheit bedeutet. Sie hat sich nach der Sperre Donald Trumps auf Twitter und Facebook entsponnen. Wer kontrolliert Meinung? Wo ist die Grenze? Wer soll das entscheiden? Die Technologiekonzerne? Die Regierung? Ist Twitter, das sich als öffentliche Plattform versteht, Schiedsrichter darüber, wer seine Meinung sagen darf und wer nicht? Das sind Fragen, die die Öffentlichkeit beschäftigen, auf die es aber keine definitiven Antworten gibt. Twitter sperrte Trump, weil er, so die Begründung, Gewalt verherrliche und zum Aufruhr ermuntert habe. Eine heikle und umstrittene Entscheidung. Andere Twitter-User, die nach diesen Kriterien gesperrt sein müssten, dürfen weiter tweeten. Ganz zu schweigen von Diktatoren und Autokraten, die sich nach wie vor auf Twitter tummeln. „Gefährlich wird es", sagt Medienforscher Frank Sesno, „wenn wir über die Definition von Redefreiheit und Meinungsfreiheit genauso gespalten sind wie über alles andere." Die USA bewegen sich in diese Richtung.

TRANSATLANTISCHE VERHÄLTNISSE

Es ist ein weit verbreitetes Symptom in dieser Zeit des Zweifels: Man spürt einen latenten Vertrauensverlust, wenn es um jahrzehntelang gewohnte Verhältnisse geht. Vom „Westen" zu sprechen und das eigene Land dazuzuzählen, das ist selbst den Österreichern immer recht leichtgefallen, trotz des beliebten Pochens auf die immerwährende Neutralität. Aber was diesen „Westen" eigentlich ausmacht, wo er beginnt und endet, das ist keine ganz simpel beantwortbare Frage mehr. Schon länger läuft ein Prozess der gegenseitigen Entfremdung. In den 1980er-Jahren setzten die USA unter Ronald Reagan darauf, immer mehr an militärischer Schlagkraft gegenüber der Sowjetunion und ihren Satellitenstaaten aufbieten zu können. Das Konzept ging grundsätzlich auf. Die Sowjetunion scheiterte auch deshalb, weil sie sich auf einen immer teureren Rüstungswettlauf mit den USA eingelassen hatte, mit fatalen Folgen für die Lebensqualität im Land. Aber das Wettrüsten forderte auch im Westen seinen Preis. Nicht so sehr in finanzieller Hinsicht – staatliche Budgets ließen und lassen sich im Westen immer noch relativ risikolos überziehen. Aber für eine ganze Generation junger Menschen, vor allem in Deutschland, aber auch in Österreich, bedeutete das Aufrüsten des Westens auch eine Zunahme der Angst. Wäre es tatsächlich eines Tages zur atomaren Konfrontation der Supermächte gekommen, war die Mitte Europas einer der wahrscheinlichsten Schauplätze dafür.

Damit bekamen alte Zweifel neue Nahrung. Schon im Vietnamkrieg hatten sich die Amerikaner schwergetan, den Rest der Welt von ihrer Sicht der Dinge zu überzeugen. Die Vorstellung, die USA müssten in Südostasien alles daransetzen, die Welt vor dem Kommunismus zu bewahren, stieß auch im eigenen Land auf immer größer werdende Zweifel. Noch dazu war es den Amerikanern nicht einmal gelungen, sich in diesem Krieg siegreich zu behaupten.

Das Gefühl, im Windschatten der USA immer auf der richtigen Seite der Geschichte zu stehen, wollte sich daher in Europa lange Zeit nicht mehr so ganz automatisch einstellen. Aber dann kam der Zusammenbruch der Sowjetunion und mit ihm das Ende des gesamten Ostblocks. Die transatlantische Welt erschien mit einem Schlag als der große welthistorische Gewinner. Die Vorstellung, die moderne Welt könne gar nicht anders funktionieren, als sich quasi automatisch in Richtung auf Marktwirtschaft und repräsentative Demokratie hin zu entwickeln, begann damals ihren Siegeszug.

Und jetzt? Jetzt ist Ernüchterung eingekehrt im transatlantischen Verhältnis. Beide Seiten haben seit langer Zeit Zweifel daran, dass es der traditionelle Partner noch immer so ernst meint mit der jahrzehntelangen Beziehung. Die USA blicken auf ein Europa, das aus ihrer Sicht längst nicht mehr die strategische und wirtschaftliche Bedeutung hat, die ihm in der Zeit des Kalten Krieges zugemessen wurde. Und die Europäer bemühen sich immer noch, die Lektionen zu begreifen, die ihnen Donald Trump im Befehlston zu diktieren versuchte, und probieren herauszufinden, wie viel davon auch unter seinem Nachfolger noch gilt. Joe Bidens erste Europa-Tournee im Juni 2021 lässt Schlüsse in zwei Richtungen zu: Biden schlägt andere Töne an und signalisiert die Bereitschaft zum Kompromiss. Aber Europa sollte sich vor allzu großem Optimismus hüten. Auch Biden fühlt sich in erster Linie den Interessen seines Landes verpflichtet.

Und auch in den USA wird immer öfter selbstkritisch die Frage gestellt, wie die militärisch unbestreitbare Führungsrolle auch politisch noch glaubwürdig wahrgenommen werden kann. Zweifel daran, wie diese Führungsrolle aussehen kann und soll, gibt es in Washington zur Genüge. Die USA versuchen eine Neudefinition und müssen erkennen, dass sie sich immer schwerer tun: Demokratie zu exportieren, wenn zu Hause, live im Fernsehen in die ganze Welt übertragen, an den Grundfesten der Demokratie gerüttelt wird, ist kein leichtes Unterfangen. Und die Vorstellung, die USA könnten immer noch die Rolle des Weltpolizisten spielen, entpuppt sich immer öfter als Illusion. Eine Illusion, der George W. Bush mit seinen Interventionen in Afghanistan und im Irak noch voll erlegen ist, die aber sowohl für Barack Obama als auch für Donald Trump schlimme und teure Folgen hatte. Europa muss aus Sicht der USA nicht mehr beschützt werden, Europa muss ein eigenständiger und verlässlicher Partner sein in einer Welt, in der westliche Grundsätze wie Rechtsstaatlichkeit, Meinungsfreiheit und Pressefreiheit in Gefahr sind, auch in den USA und in Europa selbst.

Von beiden Seiten des Atlantiks her blicken wir in diesem Abschnitt auf die immer noch angespannte Situation: Es geht um ein Europa, das seinen Platz im Westen neu definieren will, und um ein Amerika, das mit Würde und Bürde seiner jahrzehntelangen Führungsrolle ringt.

Westlosigkeit

Peter Fritz

Er ist die Gelassenheit in Person. Das ist seinem Naturell geschuldet, aber auch seiner jahrzehntelangen Karriere. Wolfgang Ischinger, Spitzendiplomat par excellence, war langjähriger Vertreter seines Landes, der Bundesrepublik Deutschland, in den Machtzentren dieser Welt. Er wirkt trotzdem etwas verloren an diesem Februartag des Jahres 2021. Ischinger steht auf einer Bühne, die er gut kennt, im großen Saal des Hotels Bayerischer Hof in München. Aber der Saal ist leer, zum ersten Mal in den vielen Jahren, in denen Wolfgang Ischinger die Münchner Sicherheitskonferenz leitet. Die Konferenz ist ein Forum, in dem Politik, Diplomatie und Militär seit Jahrzehnten über die Kriegs- und Krisenherde dieser Welt debattieren. Aber diesmal zwingt die Corona-Pandemie Wolfgang Ischinger zu einem Auftritt vor einigen Kameras als einzigem Publikum im Saal. Eine Zuseherschaft, die für ihn kein Gesicht hat, sitzt um die Welt verstreut an TV-, Computer- und Handybildschirmen. Wolfgang Ischinger bemüht sich um launige Begrüßungsworte, aber schon bald bekommt seine Rede ernstere Züge. Er kommt auf die „Westlessness" zu sprechen, auf das weit verbreitete Gefühl, dass es den „Westen", von dem immer so gerne geredet wird, vielleicht gar nicht mehr gibt. Oder dass das, was es von ihm noch gibt, nicht mehr das ganz große Sagen beanspruchen kann auf dieser Welt.

Das kommt beim Forum, das sich jedes Jahr in München versammelt hatte, ganz besonders schlecht an. Über Jahrzehnte hinweg war die Münchner Sicherheitskonferenz ein Anlass, bei dem der „Westen" sich selbst und seine Überlegenheit stolz zur Schau stellen konnte. Unter den Gästen aus

Übersee waren die deklarierten Transatlantiker stets tonangebend: Leute wie Senator John McCain oder auch, damals noch weiter unten auf der politischen Stufenleiter, Joe
Biden. Männer, die auf das nach dem Krieg geschmiedete
NATO-Bündnis schwören konnten, weil sie es ernst mein-
ten mit ihrer Ansicht, die Bedrohungen für das westliche
Lebensmodell seien auf jeden Fall außerhalb der NATO zu
orten. Zunächst waren die Sowjetunion und ihr weltpoliti-
scher Einfluss in München ein heißes Thema, danach rückten Russland und China als die neuen großen Spieler in den
Fokus, mit denen es der „Westen" nun aufzunehmen hätte.
Diskret im dunklen Anzug waren in München immer auch
wichtige Leute der Rüstungsindustrie vertreten. Am Rande
ließ sich da so manches gute Geschäft anbahnen.

Der Riss im westlichen Bündnis

Es ist gar nicht so lange her, dass man dem Westen und seinem Wirkungskreis gut und gerne zugebilligt hätte, die Zukunft könnte ihm alleine gehören. Im Jahr 1992, als der Politologe Francis Fukuyama das berühmte Schlagwort vom
„Ende der Geschichte" prägte, schien es tatsächlich denkbar
zu sein, dass es nach dem Untergang der Sowjetunion, nach
der raschen Hinwendung der einzelnen Satellitenstaaten in
Osteuropa zur NATO und zur EU, schon bald weltweit nur
noch ein Gesellschaftsmodell geben könnte: Marktwirtschaft und liberale Demokratie, deren Anziehungskraft so
unwiderstehlich erschienen, dass sich früher oder später alle
daran orientieren müssten.

Das ist jetzt bald 30 Jahre her, und die Geschichte hat kein
Ende gefunden. Im Gegenteil. Ausgerechnet in den Vereinigten Staaten konnten sich die Ideale der liberalen Demokratie
so weit umkehren, dass mit dem Sturm auf das Kapitol sogar

ein Putschversuch in den Bereich des Möglichen geriet. Leute, die die Demokratie nur als Aufstiegshilfe benutzt haben, um danach autoritär weitermachen zu können, sind auf fast allen Kontinenten der Erde zu Macht und Einfluss gelangt. Das britische Magazin „Economist" hat die Welt mit seinem „Demokratie-Index" vermessen und ist dabei zu dem Ergebnis gekommen, dass nur noch 8,4 Prozent der Weltbevölkerung in vollständigen Demokratien leben. Die USA wurden da nicht mehr dazugezählt, und auch Europa musste, etwa wegen rechtsstaatlich fragwürdiger neuer Gesetze in Ungarn und Polen, Federn lassen, was seine demokratischen Errungenschaften betrifft. Der „Economist" hat aber auch Frankreich und Portugal nicht mehr zu den lupenreinen Demokratien gezählt, was vor allem mit staatlichen Zwangsmaßnahmen in der Corona-Krise zu tun hatte.

Nun ist der Verlust des Zusammenhalts im traditionellen „Westen" gerade für Wolfgang Ischinger keine wirklich neue Erfahrung. Er hatte seinen Posten als Botschafter der Bundesrepublik Deutschland in den Vereinigten Staaten gerade erst angetreten, als die Anschläge vom 11. September 2001 die Welt erschütterten. Es war das erste Mal, dass die NATO den Bündnisfall ausrief und damit die berühmte Klausel aktivierte, die besagt, dass ein Angriff auf ein NATO-Land ein Angriff auf alle Angehörigen des Bündnisses ist und dass alle automatisch zur Hilfeleistung verpflichtet sind.

Als aber zwei Jahre später die US-Regierung die Bündnistreue auch für ihren Feldzug gegen den Irak einforderte, ging rasch ein ganz großer Riss durch den neu aufgestellten Westen, der sich um früher östlich orientierte Länder wie Polen und Tschechien vermehrt hatte. Sie waren es, die den USA ihre Treue und Unterstützung zusagten, auch im umstrittenen Vorgehen gegen Saddam Hussein im Irak und seine angeblichen Massenvernichtungswaffen. Auf der anderen Seite des Risses durch den Westen stand Wolfgang Ischinger, der als Botschafter in Washington im Namen seines Kanzlers Gerhard Schröder Deutschlands Linie vertreten musste: Keine Beteiligung am Abenteuer im Irak. Auch Frankreichs Präsident Jacques Chirac wollte in diesem Fall nichts von Bündnistreue wissen. In regierungsnahen Zirkeln in Washington wurde vor allem Frankreich rasch zum Buhmann. Als die Pommes frites in der Kantine des US-Kongresses nicht mehr „french fries", sondern nur noch „freedom fries" heißen durften, offenbarte der Konflikt auch seine lächerlichen Seiten.

Allerdings hätten es weder Gerhard Schröder noch Jacques Chirac je gewagt, am Grundpfeiler des westlichen Bündnisses zu rütteln, am Artikel 5 des NATO-Vertrages nämlich, der die Beistandspflicht im Angriffsfall für alle festschreibt. Daran wurde zum ersten Mal ernsthaft von der anderen Seite des Atlantiks aus gerüttelt, und zwar sehr kräftig.

Donald Trump, Meister im Zerschlagen gültiger Denk- und Verhaltensmuster, machte sich schon sehr früh daran, die NATO-Logik offen infrage zu stellen. Schon im Wahlkampf des Jahres 2016 bezeichnete er das Bündnis als „überholt". Immer wieder ließ er danach durchblicken, die USA würden sich unter seiner Führung die Sache mit der Beistandspflicht von Fall zu Fall überlegen. Und zwar auch nach Maßgabe dessen, was andere Staaten für die USA zu tun bereit wären. Donald Trump sei nur zu transaktionalem Denken fähig, hieß es oft, anders gesagt, er könne nur in den Kategorien von Leistung und Gegenleistung denken. Weniger vornehme Kommentatoren verglichen seine Art mit dem Vorgehen eines Erpressers, der Schutzgeld verlangt.

Bully in Brüssel

Im Mai des Jahres 2017 war ich dann selbst mittendrin, als Donald Trump in bester Erpressermanier den Verbündeten die Daumenschrauben ansetzte. Die NATO hatte in Brüssel zu ihrem Gipfeltreffen gebeten, aus Anlass der Einweihung ihres riesigen neuen Hauptquartiers. Jahrelang hatte die NATO auf dem alten Flughafengelände von Haren bei Brüssel in einem einst hastig errichteten Provisorium gehaust. Jetzt sollte also die neue Zentrale feierlich in Betrieb gehen. Eine weit gespannte Bogenkonstruktion aus Glas und Metall, vier ganze Bögen und ein halber, nach dem Willen der Architekten die Finger einer Hand symbolisierend und damit den Zusammenhalt des Bündnisses. NATO-Generalsekretär Jens Stoltenberg versprach sich viel davon, Donald Trump durch die weiten Hallen des neuen Projekts führen zu können. Von Immobilien, so hieß es, verstehe Trump ja immerhin etwas. Aber Trump behielt ein verkniffenes Gesicht und schien auf den Moment zu lauern, in dem er sich als Bully gebärden konnte, als einer, der auf dem Schulhof mit Gewaltandrohung regiert. Für die Kameras kam der Moment in einem von vielen beobachteten Augenblick: Trump schob sich unvermittelt aus der zweiten Reihe der versammelten Staats- und Regierungsoberhäupter in die erste, mit einem kräftigen Stoß seiner Schultern gegen jene des montenegrinischen Ministerpräsidenten Duško Marković. Dann, erfolgreich in den Vordergrund gepresst, machte er sich daran, mit weitum schweifendem Blick in die Runde seine knallblaue Krawatte vor Brust und Bauch neu zu drapieren. „Na, wie war ich?", schien sein Blick zu sagen, peinlich schien das Ganze ja nur für den Rest der Welt zu sein und nicht für ihn.

Der zweite Bully-Moment für Trump an diesem Tag ereignete sich dann hinter verschlossenen Türen. Wir Bericht-

erstatter im Pressezentrum des NATO-Hauptquartiers bekamen nach und nach mit, dass die Luft drinnen im Saal auf
einmal zu vibrieren schien. Eilig verbreitete sich das Ge-
rücht, Donald Trump habe mit der endgültigen Abkehr von
der Beistandspflicht gedroht, wenn die Verbündeten nicht
sofort Zusagen für höhere Beiträge auf den Tisch legten.
Eine halbe Stunde lang hatte ich das Gefühl, das glänzende
neue Gebäude, das wir alle zum ersten Mal von innen sahen,
könnte sich schon im nächsten Moment als Ruine entpup-
pen, als leere Hülle für das untergehende NATO-Bündnis.

Aber bald danach ließ Donald Trump zur Pressekonferenz bitten, baute sich stolzgeschwellt vor uns auf und ver-
kündete, die Verbündeten würden jetzt viel mehr Geld auf
den Tisch legen als je zuvor. Er habe also, wieder einmal, tri-
umphiert. Später hörten wir dann, die meisten Staatenlenker
hätten so dick wie möglich mit ihren Leistungen aufgetragen
und im Wesentlichen alte Zusagen erneuert. Aber jedenfalls
war der Frieden im Bündnis einigermaßen gesichert. Donald
Trump gab nach langem Zögern Worte von sich, die als Be-
kenntnis zur Bestandspflicht gedeutet werden konnten. Aber
so richtig trauten ihm die meisten in der NATO schon davor
und erst recht danach nicht mehr über den Weg.

Erneuerte Bündnistreue

Dreieinhalb Jahre später taucht übermannsgroß auf einer
Leinwand, weit über dem einsamen Wolfgang Ischinger auf
seiner Bühne der Münchner Sicherheitskonferenz, der neue
Präsident der Vereinigten Staaten auf. Joe Biden fordert alle
dazu auf, das Geschehene hinter sich zu lassen. „Amerika ist wieder da, die transatlantische Allianz ist wieder da",
meint er, und er versichert den Verbündeten unverbrüchli-
che Treue. Er fordert diese Treue aber, fast im selben Atem-

zug, auch ein. Er beschuldigt Wladimir Putin, ständig Keile zwischen die USA und den Rest der Welt treiben zu wollen. Er spricht von der großen strategischen Rivalität mit China. Und er macht auch deutlich, dass er von den westlich orientierten Ländern gerne hätte, dass sie ihre Distanz zu Russland und China aufrechterhalten.

Man hört ihm weltweit konzentriert zu. Auf zwei weiteren Leinwänden über Wolfgang Ischinger tauchen Deutschlands Bundeskanzlerin Angela Merkel und der französische Präsident Emmanuel Macron auf. Beide äußern sich in ihrer Replik auf Joe Biden betont freundlich. Angela Merkel setzt auch ein neues Signal für fortwährende Bündnistreue. Die deutsche Bundeswehr könnte, falls nötig, noch länger in Afghanistan im Einsatz bleiben, sagt die Bundeskanzlerin.

Später fällt meinem ARD-Kollegen Markus Preiß auf, dass während der gesamten Konferenz kein einziges Mal das Wort „Nord Stream 2" gefallen ist, der Name der umstrittenen Pipeline, die Russland und Deutschland direkt verbindet. Vielleicht ist da im Hintergrund schon ein Tauschhandel gelaufen, denke ich mir. Truppen für Afghanistan gegen Stillschweigen über das heikle Pipeline-Projekt. Ein paar Monate später wird deutlich, dass die NATO-Solidarität diesmal ganz anders ausgelegt wurde: Deutschland musste sich im Frühjahr 2021 verpflichten, ebenso überhastet aus Afghanistan abzuziehen wie die US-Armee, die Joe Bidens neuen Befehlen folgte. Die NATO vollzog Bidens Kehrtwendung ohne Wenn und Aber mit, die Verbündeten kehrten gemeinsam Afghanistan den Rücken. Der Westen zeigte, dass es ihn und seine Gemeinsamkeit noch gibt. Aber er zeigte auch, dass es ihm möglich ist, solidarisch Schwäche zu zeigen. Die USA und ihre westlichen Partner stehen jetzt in Afghanistan gemeinsam als Gedemütigte da.

Der Insider

Peter Fritz

Eine großformatige Fensterfront mit Blick auf die Wiener Börse, eine Sitzgarnitur mit breiten Lederfauteuils, ein Schreibtisch mit gut sortierten Unterlagen im Hintergrund: Martin Selmayr empfängt mich an einem strahlend schönen Nachmittag im Mai 2021 zum Besuch in einem nicht allzu großen, aber repräsentativ eingerichteten Büro, das ihm seit einigen Monaten eine neue berufliche Heimstatt bietet. Der Deutsche ist seit November 2019 der Vertreter der EU-Kommission in Wien und leitet einen kleinen Stab von Leuten, die die Arbeit seiner Behörde in Österreich populär machen sollen. Keine ganz einfache Aufgabe. Martin Selmayr erwähnt so nebenbei, dass in österreichischen Medienberichten über die EU und ihre Arbeit das Wort „Versagen" ungefähr doppelt so oft vorkommt wie in den anderen Mitgliedsstaaten der EU. „Das hat vielleicht etwas mit Sigmund Freud und seinem Wirken hier in Wien zu tun", meint er mit verschmitztem Lächeln. Martin Selmayr lächelt gerne und viel, aber er setzt seine Mimik auch sehr gezielt ein. Als ich ihn nach seiner Vorgeschichte frage, nach der Zeit, in der er als Generalsekretär der EU-Kommission in Brüssel mehr als 30.000 Leute unter sich hatte, weicht das Lächeln einem hochkonzentrierten, lauernden Gesichtsausdruck. Und als ich ihn nach Vorwürfen frage, wonach er in dieser Zeit sehr autoritär agiert hätte, presst er die Lippen kurz zusammen und meint, als Diktator habe er sich nie gesehen. Einen äußerst straffen Führungsstil praktiziert zu haben, das lässt er allerdings ganz gerne durchblicken: „Ich habe meinen Job gemacht, und der Job hat dafür gesorgt, dass die Maschine der EU-Kommission so funktioniert hat, wie Präsident

Juncker das wollte. Und deshalb sind ja Pannen in dieser Zeit auch nicht passiert."

Martin Selmayr ist noch relativ jung in sehr wichtige Ämter gekommen. Jetzt hat er den 50. Geburtstag hinter sich und ist bemüht darum, mit einigem Stolz auf bisher Erreichtes zu verweisen. Daher kommt er gleich noch einmal zum selben Punkt: „Die EU-Kommission ist die beste Verwaltung der Welt, und wenn sie richtig geführt wird, dann macht sie jedenfalls keine technischen Fehler. Sie macht vielleicht politische Fehler, da kann man darüber diskutieren, ob etwas richtig oder falsch ist. Aber wenn die Kommission richtig organisiert und geführt ist, dann macht sie technisch gesehen keine Fehler."

Martin Selmayr ist mittelgroß, von unauffälliger Statur, trägt das eng anliegende schwarze Haar meist kurz geschnitten und spricht recht schnell. Er tut das in langen, aber stets druckreifen Sätzen. Wichtige Daten, Jahreszahlen, Fakten rund um die EU-Geschicke, die er jahrelang mitgestaltet hat, ruft er mühelos aus seinem Gedächtnis ab. Hinter ihm, auf dem Schreibtisch, steht ein blauer Wimpel mit den zwölf gelben Sternen der EU-Flagge. Vor ihm, auf dem Besprechungstisch, steht noch einer. Auf dem Revers seines Sakkos prangt das EU-Emblem als kleiner Anstecker. Die Krawatte ist selbstverständlich in einfarbigem EU-Blau gehalten. Wir sitzen einander an den Schmalseiten des Tischchens gegenüber, und als mein Blick auf die Couch an der Längsseite fällt, kann ich mir ein Grinsen nicht verkneifen. Denn auch dort prangen noch einmal die zwölf gelben EU-Sterne im Kreis, diesmal als Zieraufdruck auf einem dunkelblauen Polster.

Wie es sich gehört, ist auch die Präsidentin bildlich präsent. Ursula von der Leyen, Martin Selmayrs oberste Chefin, lächelt huldvoll von einem Fotoporträt an der Wand.

Martin Selmayr hatte unter Ursula von der Leyens Vorgänger Jean-Claude Juncker seine große Zeit in Brüssel. Er war zunächst Junckers Kabinettschef, und eines Tages wurde er quasi über Nacht auch noch Generalsekretär und oberster Beamter der Kommission, in einem von ihm orchestrierten Schnellverfahren, das später viel Kritik zur Folge hatte. Martin Selmayr versteht es, die Sprache der Macht zu sprechen, auch wenn es um sein eigenes Vorankommen geht. Aber nach den turbulenten Jahren an der Kommissionsspitze hat er sich für den um einiges ruhigeren Posten in Wien entschieden, aus Gründen einer privaten Vorliebe für Wien und Österreich.

Druck aus den USA

Zwischen den USA und der EU ist es ziemlich hoch hergegangen in den Jahren, die hinter uns liegen. Die amerikafreundliche Grundhaltung, die der am damaligen deutschen Regierungssitz Bonn als Sohn eines hohen Verwaltungsbeamten geborene Martin Selmayr von früher Jugend an mitbekommen hatte, wurde mehrmals ziemlich hart geprüft. „Ich bin aufgewachsen als Anhänger und Verfechter der transatlantischen Gemeinschaft. Das war immer eine Basis des Wertekonsenses der Europäischen Union."

Aber in jungen Jahren als EU-Kommissionsbeamter bekam Martin Selmayr rasch zu sehen, dass in den EU-Behörden nicht alle rund um ihn so dachten. „Frankeich war immer gaullistisch und sagte, wir brauchen ein starkes Europa als Gegengewicht zu den USA."

Er selbst hatte dann einige Erlebnisse, die ihn zwar immer noch amerikafreundlich, aber schon mit einer realistischeren Einschätzung der machtpolitischen Realitäten hinterlassen haben. „Ich habe für Justizkommissarin Viviane Reding im Bereich Datenschutz gearbeitet, da gab es damals ganz klare Ansagen der US-Administration: ‚Lasst Google und Facebook in Ruhe, macht keine Datenschutzregeln, die auf diese Firmen ihre Auswirkungen haben.'"

Das war lange vor Donald Trump und seinen groben Tiraden gegen Europa und den Rest der Welt. Aber im Bewusstsein der Macht auf den Tisch zu hauen, das habe man in Washington den Europäern gegenüber auch damals schon praktiziert, erinnert sich Selmayr: „Da rief der White House General Counsel, (der oberste Rechtsberater des US-Präsidenten, Anm. P.F.) alle Generaldirektoren der EU-Kommission an, um die Datenschutzgrundverordnung zwei Tage vor ihrer Ankündigung noch zu verhindern. Also es wurde klare Machtpolitik gemacht, wenn auch immer sehr höflich."

Und noch etwas fiel dem jungen Kommissionsbeamten Selmayr bald auf: Die Amerikaner hatten gar keine Scheu davor, auch mit dem zu protzen, was ihre Geheimdienste herausgefunden hatten, auf welchen Wegen auch immer: „Als junger Kabinettschef der Justizkommissarin fing ich an, zu den Themen Sicherheit, Justiz, Europäischer Haftbefehl und Grundrechte zu arbeiten. Da wurde ich zu einem Mittagessen in die amerikanische Botschaft eingeladen. Dort saß ein sehr verbindlicher, extrem freundlicher, sehr eloquenter Botschafter. Ich hatte eine Akte dabei, aber er hatte eine Akte, die um ein Vielfaches dicker war. Und immer, wenn wir zu einem Thema kamen und uns eine Weile unterhielten, machte er die Akte auf und sagte: ‚Aber hier hat in einer E-Mail vom Soundsovielten eine Dienststelle der Kommission an eine andere Dienststelle geschrieben, und da hat der eine Beamte Folgendes gesagt ... Wie passt das mit dem zusammen, was Sie mir jetzt sagen?' Also die Amerikaner waren da schon sehr stark aufgestellt und zeigten auch, wer die Hosen anhat im transatlantischen Verhältnis. Und das war schon unter Obama der Fall."

Ich frage nach, leicht verblüfft: „Die Amerikaner haben sich also gar nicht geniert zuzugeben, dass sie Sie ausspionieren?"

„Nein. Das war eine Machtdemonstration, um zu zeigen: Wir wissen genau, was bei euch vorgeht, und wir wissen auch, was eure internen Meinungsverschiedenheiten sind. Ihr müsst gar nicht nach außen so tun, als wärt ihr über alles einig. Wir wissen das besser."

Allerdings hätten die brachialen Interventionen der USA eher den gegenteiligen Effekt gehabt, meint mein Gesprächspartner: „Es hat auch in der EU unterschiedliche Ansichten zum Projekt der Datenschutzgrundverordnung gegeben. Aber in dem Moment, wo der General Counsel anfing, alle anzurufen, und der Botschafter zur Generalsekretärin der Kommission ging und sagte, das Projekt muss eingestellt werden, da ist selbst der Letzte, der immer aufseiten der Amerikaner stand, zum europäischen Patrioten geworden."

Den welthistorischen Schlüsselmoment des 11. September 2001 hat Martin Selmayr noch in einer früheren Funktion erlebt. Er war für den Medienkonzern Bertelsmann tätig und begleitete einen befreundeten Juristen aus den USA zu Terminen im Europäischen Parlament in Brüssel. Dort war dann rasch auf allen Fernsehschirmen in diesem Haus nur noch der Schauplatz New York zu sehen. „Als dann alle sehr hektisch wurden und daran gedacht wurde, das Haus zu räumen, blieb ich recht gelassen und dachte mir: Bis die Terroristen draufkommen, dass es das Europäische Parlament gibt, dauert es sicher noch 20 Jahre."

Aber sehr bald bekam es auch die Brüsseler EU-Welt mit den Folgen des 11. September zu tun. „Die Balance zwischen Freiheit und Sicherheit, die verschob sich dann für einige Jahre", meint Selmayr, und das bedeutete für seinen damaligen Tätigkeitsbereich: Die Sicherheitsbehörden, auch in Europa, wollten neue Zugriffsrechte, die Datenschützer auf beiden Seiten des Atlantiks fanden mit ihren Einwänden zunächst weniger Gehör. Aber auch das habe sich später geändert, schildert er.

Wichtige US-Konzerne, die in Europa tätig waren, hätten sich praktisch voll dazu bekennen müssen, dass amerikanische Regierungsstellen und Geheimdienste auf ihre Daten zugreifen dürfen, natürlich inklusive aller sensiblen Daten ihrer europäischen Kunden. Das Unbehagen wurde noch größer, als bekannt wurde, dass auch Entführung und Folter Eingang in das Repertoire der US-Behörden gefunden hatten. Daten, die in Europa ihren Ursprung hatten, konnten von nun an als Basis für die Verfolgung und unmenschliche Behandlung von Menschen irgendwo auf der Welt herangezogen werden. Unter dem Eindruck dieser neuen Verhältnisse bemühte sich die EU um eine gewisse Abgrenzung zur überschießenden Datensammelwut der Amerikaner, allerdings mit eher gemischtem Ergebnis. Denn der Europäische Gerichtshof hat nun schon mehrfach festgestellt, dass die neuen Regeln, die die EU für den Datenaustausch aufgestellt hat, trotz klingender Titel wie „privacy shield", also „Privatsphären-Schutzschild", die Europäer nur unzureichend vor unbefugtem Zugriff schützen können.

Zoll-Gefechte

Der Kampf um die Daten war nur einer der umstrittenen Punkte im transatlantischen Verhältnis. Schon unter Barack Obama hätten die USA darauf gepocht, dass die westeuropäischen Verbündeten mehr für das Militär ausgeben müssten, dieser Punkt ist Selmayr wichtig. Und auch das immer größere Augenmerk der Amerikaner auf das Verhältnis mit Asien, vor allem mit China, habe schon unter Obama begonnen. Das transatlantische Verhältnis zu den Europäern habe sich damals schon leicht eingetrübt. Und dann, ja dann kam Donald Trump: „Als Trump 2016 gewählt wurde, gab es eine These in Brüssel und in vielen Hauptstädten. Da hat man gesagt, es wird schon nicht so schlimm werden. Man sagte, der hat jetzt viel getönt im Wahlkampf, aber in den USA gibt es ein System von checks and balances, da gibt es viele Berater, die ihn im Zaum halten können."

Anfangs sei das durchaus auch noch so gewesen, meint Selmayr, der an der Seite von Jean-Claude Juncker mehrmals Bekanntschaft mit Trump und seinem Wesen machen konnte. Trump habe sich zunächst um einigermaßen freundliches Auftreten bemüht. Er hatte Berater, auf die er noch hörte. Aber dann wechselten die Berater ständig, es gab keine verlässlichen Ansprechpartner mehr. Noch dazu rückten bald die alle zwei Jahre stattfindenden Zwischenwahlen zum Kongress näher, und die angeblich ungerechten Handelsbeziehungen zwischen den USA und Europa wurden zum heißen Wahlkampfthema. „Es fahren viel zu viele deutsche Autos auf den Straßen von New York, und in Europa sehe ich viel zu wenige US-Autos." Mit diesem simplen Beispiel begann Donald Trump, den Europäern einen Schritt für Schritt eskalierenden Handelskrieg zu erklären. Es ging los mit Aufschlägen auf europäisches Aluminium, als Begründung wurde die nationale Sicherheit der USA ins Treffen geführt. Ein beispielloser Schritt: Die EU, lange Zeit so etwas wie der logische Verbündete, wurde pauschal zum Sicherheitsrisiko für die Vereinigten Staaten erklärt.

Aber die EU ließ gleich darauf ihre Retourkutsche abfahren, und die hatte es auch in sich. Von Motorrädern der Marke Harley Davidson über Bourbon Whiskey bis hin zu Orangensaft aus Florida – sie alle wurden von der EU mit deutlich höheren Zöllen belegt. Man hatte genau darauf geachtet, Produkte aus Wahlkreisen zu treffen, die Donald Trump und seiner Partei besonders am Herzen lagen.

Damit war aber noch nicht viel gewonnen. Donald Trump hielt seine Drohung aufrecht, demnächst die Importzölle auf Autos aus der EU empfindlich zu erhöhen. Angela Merkel, Emmanuel Macron, der niederländische Premier Mark Rutte – sie alle pilgerten ins Weiße Haus, um Donald Trump von seinem Vorhaben abzubringen. Erfolgreich waren sie zunächst nicht. Aber alle drei hatten im Weißen Haus eines betont: Über Zölle werde Donald Trump mit Jean-Claude Juncker reden müssen, der sei in der EU allein dafür zuständig. Und so erging eine Einladung nach Brüssel, und im Juli 2017 machte sich Jean-Claude Juncker mit seinem Tross auf den Weg nach Washington, D.C. Am Vorabend des Treffens, nachts in einem Washingtoner Hotel, gelang es Martin Selmayr, sich mit Donald Trumps Wirtschaftsberater Larry Kudlow anzufreunden. Christine Lagarde, damals Chefin des Internationalen Währungsfonds, hatte die beiden zusammengebracht. „Kudlow machte eine ganze Stunde lang nur Small Talk. Er wollte zunächst ein gutes Verhältnis aufbauen. Er hatte einen Zettel für Trump vorbereitet, mit sehr großen Buchstaben darauf. Ich hatte auch einen Zettel dabei, da stand das Wunschziel der EU drauf – eine Art Waffenstillstand. Kudlow sagte: ,Martin, if it's just you and me, we are in business.'"

Allerdings war Larry Kudlow nur einer von vielen Beratern, die den US-Präsidenten umschwirrten, jeder von ihnen mit eigenen, mit großen Buchstaben beschriebenen Zetteln in der Hand. Und einige von ihnen wollten unbedingt eine viel härtere Linie gegenüber den Europäern durchsetzen. Aber beim entscheidenden Treffen am nächsten Tag konnten Kudlows versöhnlicher Ansatz und Selmayrs vorbereiteter Text die Oberhand behalten. Die Europäer hatten zusätzlich noch einige weitere Möglichkeiten genützt, um Donald Trump mit möglichst großem Charme zu begegnen. Jean-Claude Juncker brachte ein Bild mit, auf dem die Befreiung seiner Heimat Luxemburg durch US-Truppen im Zweiten Weltkrieg zu sehen war. Dann zeigte er Trump mit einem sehr simpel gezeichneten Diagramm, dass die Europäer jetzt viel mehr Sojabohnen aus den USA importieren würden. Und so fanden die beiden älteren Herren einen Draht zueinander. Auch Jean-Claude Juncker fühlte sich geschmeichelt, als Trump anfing, ihn als „President of Europe" anzureden. Und scherzhaft warfen sie einander Szenarien an den Kopf, was der eine gegen den anderen noch so an Schreckensszenarien zum Thema Zoll in petto hätte. „Juncker konnte mit der humoristischen Seite Trumps umgehen, was Merkel und Macron nicht konnten", sagt Martin Selmayr. Und so wurde in einer auch für Trumps Berater überraschend angesetzten Pressekonferenz der handelspolitische Waffenstillstand ausgerufen, und die Weltöffentlichkeit geriet ins Staunen darüber, dass ausgerechnet dem oft unterschätzten Jean-Claude Juncker dieses Kunststück gelungen war.

Turbulent ging es aber trotzdem noch weiter bei allen Kontakten über den Atlantik hinweg. „Tiefpunkt war der G7-Gipfel in Kanada im Juni 2018. Da war Trump nicht nur desinteressiert und schlecht vorbereitet, sondern ausgesprochen aggressiv", erinnert sich Selmayr. Zum ersten Mal kam keine gemeinsame Erklärung zustande, und der abrupte Rückzug Donald Trumps von diesem Treffen hatte auf die Verbliebenen sogar auch einen physisch spürbaren Effekt: „Trump reiste vorzeitig und verärgert ab. Seine Hubschrauberstaffel mit diesen riesigen US-Militärhelikoptern brauste direkt über die Terrasse am Versammlungsort, und alle, von Merkel über Juncker, Theresa May und den japanischen Premierminister Abe, wurden von den Vibrationen durchgeschüttelt. Die ganze Terrasse geriet ins Vibrieren. Und alle schauten sich dort an in dem Bewusstsein: Da ist jetzt etwas ganz Besonderes passiert. Da hat die Weltmacht Nummer

Eins gezeigt, dass ihr diese ganze multilaterale Weltordnung völlig egal ist."

Der erste Effekt von Trumps trotzigem Türmen: Die anderen rückten näher zusammen. Theresa May machte die Brexit-Verhandlungen über das künftige Verhältnis, die in der Krise waren, wieder flott, und der japanische Premier Abe setzte sich mit Jean-Claude Juncker zusammen und brachte das Handelsabkommen der EU mit Japan neu auf den Weg, vom Volumen her das größte Handelsabkommen der Welt. Das habe seinem früheren Chef sehr gefallen, meint Selmayr: „Für Jean-Claude Juncker war die Handelspolitik das wichtigste Instrument der europäischen Außenpolitik. Wir haben keine gemeinsame Armee, und trotz gemeinsamer Anstrengungen werden wir nie eine wichtige Militärmacht auf der Welt werden. Aber als größter Handelsblock können wir Standards setzen."

Und Joe Biden?

Der handelspolitische Waffenstillstand mit Donald Trump hat gehalten. Aber ist jetzt, mit Trumps Nachfolger Joe Biden, eine komplette Neuordnung im belasteten Verhältnis möglich? Martin Selmayr fängt als geschickter Diplomat mit den Pluspunkten an: „Die positive Neuerung, das ist die totale Änderung des Stils. Wenn jeden Tag ein anderer Tweet kommt, wie seinerzeit von Donald Trump, das destabilisiert. Wenn der erste Mann der Führungsmacht der Welt sich so erratisch verhält, das bringt eine Unsicherheit in die Weltpolitik, die extrem problematisch und gefährlich ist. Jetzt sind wieder zivile Sitten eingekehrt."

Aber auch an Reibungsflächen habe es nicht gemangelt in den ersten Monaten mit Joe Biden, das hält mein Gesprächspartner gleich darauf recht unmissverständlich fest: „Es gibt jetzt schon drei Enttäuschungen: Erstens, dass die USA die „America First"-Politik brutal fortgesetzt haben, als es ums Impfen ging, und anfangs keine Dosis aus den USA in den Rest der Welt exportiert wurde. Zweitens, dass beim Thema Klimapolitik die innenpolitische Umsetzung fehlt und teilweise versucht wird, die CO_2-Grenzabgabe (Aufschläge auf bestimmte Importe aus Ländern mit schlechteren CO_2-Bilanzen, Anm. P.F.) der Europäer, wenn schon nicht zu verhindern, dann doch zu verzögern. Und das Dritte, das sind die Ansagen der USA zum EU-Investitionsabkommen mit China. Wenn uns von den USA gesagt wird, ‚Das dürft ihr nicht machen', dann dürfte da nicht die Sorge der USA um die Menschenrechte der Uiguren im Vordergrund stehen, sondern das eigene wirtschaftliche Interesse. Unter Joe Biden sei die außen- und innenpolitische Realität in den Vereinigten Staaten nicht mit einem Mal eine völlig andere geworden, und das wäre angesichts der Zustände im Inneren auch gar nicht denkbar. „Die USA bleiben ein gespaltenes Land", konstatiert Martin Selmayr.

Er ist frei von Bescheidenheit, wenn es um seinen Anteil am jetzigen Stand des transatlantischen Verhältnisses geht. Aber er ist Realist genug, um zu wissen, dass Staaten keine Freunde haben, sondern nur Interessen. Und die bleiben oft über lange Zeit dieselben.

Freundschaft mit Bedingungen

Hannelore Veit

„Alle haben sich wieder lieb", so titelt der „Spiegel" nach der Münchner Sicherheitskonferenz im Februar 2021. Ein Satz, der mich an Kindergartensprache erinnert, aber das passt ja nach den letzten vier Jahren, in denen diese Art der Sprache im Weißen Haus en vogue war. Auf den ersten Blick scheint mit der Biden-Regierung tatsächlich eine Rückkehr zum alten Stil einherzugehen, eine Rückkehr zu Zeiten, als Verbündete noch wie Verbündete behandelt wurden. Donald Trump hat es Joe Biden leicht gemacht. Nach den letzten vier Jahren kann Biden eigentlich alles nur besser machen, für die europäischen Verbündeten ist plötzlich wieder ein Gesprächspartner da. Denn unter ihm ist in den USA wieder die Diplomatie die Sprache der Kommunikation. „America is back", Amerika ist wieder da, das ist die Kernaussage Joe Bidens in seinen ersten Monaten als Präsident.

Frühling in Washington

Der Frühling ist spürbar, als ich im März 2021 wieder in Washington bin, nicht nur, was das Wetter betrifft. Europa schlittert von einem Lockdown in den anderen, die Intensivstationen sind voll mit Covid-Patienten und eine kollektive Depression hat den Kontinent erfasst. Österreich erlebt den kältesten April seit Jahrzehnten, das trägt nicht gerade dazu bei, die Stimmung zu heben. Ganz anders in Washington: Die Sonne scheint, die Kirschbäume an der Mall und rund um das Tidal Basin stehen in voller Blüte. Die Stadt versprüht Optimismus. Fast alle meine Bekannten und Freunde haben zumindest bereits die erste Impfung erhalten, ich als Europäerin muss damit zufrieden sein, viele Gratistests dabei zu haben. Im Testen sind wir in Österreich schließlich Weltmeister. Die Lokale und Restaurants in Washington sind geöffnet, haben nach der ersten Welle des Lockdowns nie wieder zugesperrt. Der Verkehr im Stadtzentrum ist immer noch spärlich. Washington ist die Stadt der Politiker, der Lobbyisten, der Anwälte und der Journalisten, heißt es immer. Das Federal Government, also die Bundesregierung, die großen Lobby-Unternehmen und die vielen Anwaltsfirmen lassen im Homeoffice arbeiten. Der Stadt tut das gut: Überall sprießen Schanigärten aus dem Boden, ganze Fahrspuren haben sich die Lokalbetreiber angeeignet, Tische und Stühle auf die Straße gestellt und den Platz vor dem Lokal zur Terrasse erklärt. Plastikvorhänge halten Wind und Kälte ab ... im Freien ist die Ansteckungsgefahr geringer. Die Stadt Washington, konkret Bürgermeisterin Muriel Bowser, spielt mit und erlaubt, was bisher verboten war: Nicht nur Terrassen dürfen aufsperren, sogar – was bisher strikt verboten war – mit alkoholischen Getränken in der Hand dürfen die Washingtonians jetzt in angesagten Gegenden wie dem U-Street-Korridor flanieren. An einen neuerlichen Lockdown ist in den USA nicht zu denken. Jetzt geht es darum, aus der Krise zu kommen.

Gerade in Washington, der mehrheitlich schwarzen und immer demokratisch wählenden Hauptstadt, ist dieser Optimismus auch dem neuen Präsidenten geschuldet. Bei der letzten Wahl haben mehr als 90 Prozent der Washingtonians für Joe Biden gestimmt. Hupend und fahnenschwingend fuhren die Menschen am 6. November, dem Tag, an dem, drei Tage nach der Wahl, endlich der Wahlsieg Joe Bidens feststand, durch die Straßen. Ein Aufatmen ging durch die Stadt und durch das halbe Land.

Die Aufbruchsstimmung wurde in den letzten Tagen der Präsidentschaft Donald Trumps kurz unterbrochen, als ein

Mob am 6. Jänner 2021 das Kapitol stürmte und Washington in eine Festung verwandelt wurde. Doch sie ist ganz deutlich wieder zu spüren, als ich im Frühjahr die Stadt besuche. Noch sind die Zäune und Befestigungen um das Kapitol und das Weiße Haus da, aber die ersten werden gerade abgebaut, bis zum Sommer soll dann die letzte Zaunreihe vor dem Weißen Haus verschwunden sein. Der neue Präsident erhält jede Menge Vorschusslorbeeren – das erinnert ein bisschen an Barack Obama, den Europa nach seiner Wahl 2008 als Messias gefeiert hatte und dem im Jahr seines Amtsantritts der Friedensnobelpreis verliehen wurde, ein Preis, den er gar nicht wollte. „Wie bitte? Wofür?", sei seine erste Reaktion gewesen, schreibt Barack Obama in seinen Memoiren. Den Friedensnobelpreis hat Biden zwar noch nicht erhalten, aber das Aufatmen ist auch in Europa deutlich spürbar.

Neue Freundschaft

Ist die europäische Euphorie, geboren schon allein aus der Tatsache, dass der Ex-Präsident jetzt eben Ex-Präsident ist, auch gerechtfertigt?

Die neue Berechenbarkeit der Amerikaner wird bei Joe Bidens Europatour Mitte Juni 2021 jedenfalls wohlwollend aufgenommen. Viel Schulterklopfen gibt es da auf beiden Seiten: Ursula von der Leyen beschwört den „neuen Geist der Zusammenarbeit zwischen der EU und den USA". Der EU-Botschafter in Washington, Stavros Lambrinidis, ein früherer griechischer Außenminister, schwärmt von neuen Zeiten: „Die USA und Europa sind die größten Demokratien, haben die wichtigsten Wirtschaftsbeziehungen und: they are back in business, wir sind wieder im Geschäft."

Joe Biden ist der wahrscheinlich europafreundlichste US-Präsident der vergangenen Jahrzehnte. Er gilt als Transatlantiker, genauso wie sein Außenminister Anthony Blinken. Nicht von ungefähr hat Biden seinen früheren Mitarbeiter in diesen Job berufen: Blinken ist europaphil, schon von seiner Biografie her. Als Neunjähriger, nach der Scheidung seiner Eltern, zog Blinken mit seiner Mutter nach Paris, zu deren neuem Lebenspartner, dem Holocaust-Überlebenden Samuel Pisar. Dort hat Tony, wie ihn seine Freunde nennen, die Schule besucht, er spricht perfekt Französisch. Über seinen Stiefvater hat er viele Kontakte zur Elite in Paris geknüpft, er ist bestens vernetzt in der französischen Politik. Joe Biden hat er sechs Jahre lang im Senat und dann auch in dessen Zeit als Vizepräsident beraten. Blinken war während Obamas erster Amtszeit im Weißen Haus tätig, später im Außenministerium. Biden vertraut ihm. „Wenn Blinken redet, redet er mit seiner eigenen Stimme, aber mit Bidens Gehirn. Das war bei Trump anders. Niemand wusste, was ihm durch den Kopf ging, weder Trumps erster, wenig erfolgreicher Außenminister Rex Tillerson, noch sein Nachfolger Mike Pompeo. Da musste man hinterfragen: Ist das jetzt auch die Position des Präsidenten?", so beschreibt es Jeff Rathke, einer der intimsten Europakenner in Washington, in einem Interview, das ich ein paar Monate nach Bidens Amtsantritt mit ihm führe. Jeff Rathke ist Karrierediplomat, mehr als 20 Jahre gehörte er dem State Department, dem Außenministerium, an, und war dessen Sprecher in der ersten Amtszeit Barack Obamas. Jetzt ist er Präsident des American Institute for Contemporary German Studies der renommierten Johns Hopkins Universität, einer Denkfabrik, die sich mit Deutschland und Europa beschäftigt. In Deutschland war Jeff Rathke zweimal als Diplomat stationiert, da ist es naheliegend, dass er perfekt Deutsch spricht. „Blinken spielt eine große Rolle, er spielt vielleicht die größte Rolle darin, wie die Beziehungen zwischen den USA und Europa sich unter Biden entwickeln", sagt er mir.

Europa freut sich über einen Joe Biden, der am Tag Eins seiner Präsidentschaft die Rückkehr ins Pariser Klimaabkommen einleitet, der den Austritt aus der Weltgesundheitsorganisation WHO rückgängig macht und an multilaterale Zusammenarbeit glaubt, nicht an Deals mit einzelnen Ländern, wie Donald Trump sie als das Non-plus-Ultra seiner Außenpolitik sah.

China, der Elefant im Raum

Doch Joe Biden hat seine Prioritäten sehr klar definiert: Er will und muss die USA aus der Covid-Krise führen und die wirtschaftlichen Folgen der Pandemie abfedern. Und das hat Auswirkungen auf seine Außenpolitik. „In kaum einer Regierung war die Außenpolitik so sehr mit der Innenpolitik verbunden wie unter Joe Biden", sagt Jeff Rathke. Das ist eine Folge der Trump-Präsidentschaft. Donald Trump hatte bei allem, was er tat, seine Kernwählerschaft, die weiße Arbeiterklasse, im Hinterkopf, ob er jetzt Handelsabkommen infrage stellte, weil sie angeblich amerikanischen Arbeitern Jobs wegnahmen, oder ob er das Phänomen Globalisierung verteufelte. Jeff Rathke: „Jeder außenpolitische Schritt der Biden-Regierung muss daran gemessen werden, was dieser Schritt für normale Wähler zu Hause bedeutet. Wenn sie verstehen, dass es in ihrem Interesse ist, hilft das den Demokraten bei den Kongresswahlen 2022 oder der Präsidentschaftswahl 2024, die Macht zu verteidigen."

„America First" gilt immer noch – aber nicht mehr „America Alone", die außenpolitische Maxime Trumps. Mit Donald Trump einen Modus Vivendi zu finden, hatten europäische Top-Politiker auf verschiedene Weise versucht. Sie saßen mit stoischem Gesichtsausdruck – wie NATO-Generalsekretär Jens Stoltenberg – daneben, als Donald Trump sich brüstete, dass es ja ihm und nur ihm zu verdanken wäre, dass Europa jetzt mehr Geld in Verteidigungsausgaben stecke. Dass das freilich schon vor Trump – beim NATO-Gipfel von Wales 2014 – beschlossen worden war, erwähnte Trump nicht. Der französische Präsident Emmanuel Macron versuchte es mit einer Charme-Offensive, lud Trump und seine Ehefrau Melania am 14. Juli, dem französischen Nationalfeiertag, zur Truppenparade auf den Champs Elysées, lud sie zum Luxus-Dinner auf den Eiffelturm. Viel gebracht hat es nicht. Den meisten Erfolg konnte – zur Überraschung aller – EU-Kommissionschef Jean-Claude Juncker für sich verbuchen, als er Trump mit Kumpelhaftigkeit und Fingerspitzengefühl dafür, wie beide Seiten das Gesicht wahren konnten, davon überzeugte, keine Zölle auf europäische Autoimporte einzuführen.

Solche Taktiken braucht es bei Joe Biden nicht: Er sucht die Zusammenarbeit mit den Europäern. Aber: Es geht ihm nicht so sehr um Europa selbst, es geht ihm um Verbündete im geopolitischen Spiel der Mächte. Europa ist zweifellos eine Schlüsselregion für Biden – aber „the elephant in the room", der Schatten, der über allem schwebt, ist China. Jeff Rathke drückt es so aus: „Biden hat erkannt, dass er alleine nicht mit den neuen Herausforderungen fertigwerden kann. Da braucht man gleichgesinnte Partner, Alliierte – und da steht die Europäische Union an erster Stelle. Die Amerikaner wollen die Europäer als Verbündete in ihrer China-Strategie."

Nur, sind die Europäer bereit? Das gemeinsame Weltbild, die traditionellen Werte des „Westens" wie Rechtsstaatlichkeit, Meinungsfreiheit und Pressefreiheit zu verteidigen, wird heraufbeschworen. Das Wort „Westlosigkeit" fällt nicht mehr, Zusammenhalt zählt. Wenn es um Wirtschaftsinteressen geht, treten die Differenzen aber klar zutage. Distanz zu China, ja, dazu sind die Europäer bereit, aber die eigene

Wirtschaft soll nichts davon spüren. China ist schließlich ein riesiger Markt, den die europäischen Unternehmen, allen voran die deutsche Autoindustrie, beackern will.

Viele konkrete Zugeständnisse hat Joe Biden nach seiner Europa-Tournee aus Brüssel nicht mit nach Hause nehmen können. Da richtet man lieber den Blick nach vorne und redet von der großen Technologieoffensive. EU-Botschafter Lambrinidis: „Wir müssen China überholen, müssen in die Technologie der Zukunft investieren. Für uns zählt Bildung, zählen faire Arbeitsbedingungen und zählen Umweltstandards. Wir müssen sicherstellen, dass die größten Volkswirtschaften der Welt und die innovativsten Länder der Welt die Standards bestimmen."

Dass man bei manchen Dingen – vielleicht mit Absicht – aneinander vorbeiredet, wird beim USA-EU-Gipfel deutlich. So manche Dispute aus der Trump-Ära bleiben bestehen. Zölle auf Stahl und Aluminium, die Trump den Europäern mit der absurden Begründung aufgebrummt hat, sie seien im Sicherheitsinteresse der USA, hat Biden bisher nicht zurückgenommen. Bis Ende des Jahres 2021 will man eine Lösung finden. Warum so lange warten und nicht gleich die Zölle zurücknehmen, fragen sich Beobachter. Innenpolitische Interessen stehen dahinter, der Markt ist mit Stahl und Aluminiumprodukten überschwemmt. Zumindest den Handelsstreit um Airbus und Boeing haben die USA und Europa, wenn schon nicht beigelegt, so doch auf Eis gelegt. Auch damit kann man zu Hause punkten: Es geht um mehr als eine Million Jobs, betont die US-Handelsbeauftragte Katherine Tai, das ist im Interesse der amerikanischen Mittelschicht.

Beide Seiten sind sichtlich bemüht. Aber wie tief geht die Einigkeit? Wie weit sind die Europäer bereit, unter einem Präsidenten Biden amerikanische Interessen zu unterstützen?

Sicher ist: Europa ist für die Amerikaner, auch für den Transatlantiker Joe Biden, der Alte Kontinent. Es ist nicht mehr Europa, das im Brennpunkt der amerikanischen Außenpolitik steht, es ist der Pazifik. Es ist Asien. Schon Barack Obama hat den „pivot to the Pacific", die Ausrichtung nach Westen zum Pazifik, ausgerufen. Dorthin, wo der Rivale China seine Stellung als Großmacht immer mehr auszubauen sucht. Hilft Europa mit, dann werden die Amerikaner das zu schätzen wissen. Biden mag ein Transatlantiker sein, aber – wie Peter Rough vom Hudson Institute es ausdrückt – er ist ein Transatlantiker im pazifischen Jahrhundert.

Sprachen der Macht

Peter Fritz

Seine erste politische Ansage war recht kräftig formuliert: „Europa muss lernen, die Sprache der Macht zu sprechen", sagte Josep Borrell zum Amtsantritt als „Hoher Vertreter für die gemeinsame Außen- und Sicherheitspolitik" der EU im Dezember 2019. Der hochtrabende Titel könnte es angemessen erscheinen lassen, gleich zu Beginn auch mit drastischen Worten nach der Macht zu greifen. Nur tut sich Europa unendlich schwer, solchen Worten auch Taten folgen zu lassen, und Josep Borrell musste Anfang des Jahres 2021 auf sehr drastische Weise erfahren, dass er in einem entscheidenden Moment eher die Sprache der Ohnmacht des gemeinsamen EU-Europa spricht.

Demütigung in Moskau

Borrell war zu einer Reise nach Moskau aufgebrochen, wenige Tage nach einer russischen Machtdemonstration nach außen und innen. Der Kremlkritiker Alexej Nawalny, vergiftet im eigenen Land, recht offensichtlich von Agenten der Staatsmacht, und nur knapp vor dem Tod gerettet, hatte sich in Deutschland gesundpflegen lassen und war nach seiner Rückkehr nach Moskau sofort verhaftet worden. Josep Borrell flog nach Moskau, begleitet von Erwartungen, Nawalny auf irgendeine Art und Weise beizustehen, durch einen Besuch im Gefängnis etwa. Aber die russischen Gastgeber sorgten dafür, dass er diese Möglichkeit nicht bekam. Und dann, in der Pressekonferenz, die auf sein erstes Treffen mit dem russischen Außenminister Sergej Lawrow folgte, ließ sich Josep Borrell von Lawrow regelrecht vorführen.

Josep Borrell wurde früher gerne als Mann von aufbrausendem Temperament beschrieben. Aber jetzt, da er den 70. Geburtstag schon eine ganze Weile hinter sich hat, ist davon nicht mehr viel zu spüren. Und so ließ Borrell ungerührt und zum Teil sogar mit freundlicher Miene eine ganze Salve von Attacken über sich ergehen, die der äußerst erfahrene Minister Lawrow gut vorbereitet hatte. Lawrow griff die EU als unzuverlässigen Partner an, Sanktionen gegen sein Land wegen der Einverleibung der Krim durch Russland nannte er vollkommen ungerechtfertigt. Die Menschenrechte? Die seien ja in der EU wahrscheinlich noch eher gefährdet, etwa durch Attacken der Polizei auf demonstrierende Corona-Skeptiker, meinte er mit eisern durchgehaltenem, stoischem Gesichtsausdruck. Geschickt hatte Lawrow auch bei der Auswahl der Journalisten Regie geführt, die Fragen stellen durften. Und damit geriet Josep Borrell weiter in die Defensive. Er wurde nach angeblicher Verfolgung von Regierungsgegnern im EU-Mitgliedsland Lettland gefragt, ein Thema, zu dem er wenig sagen konnte. Aber die Frage gab seinem Gegenüber Sergej Lawrow die Chance, in der Folge gleich auch die Verfolgung von Katalanen in Spanien anzuprangern, die sich für die Selbstständigkeit ihrer Region engagiert hatten, ein besonders wunder Punkt für Josep Borrell. Denn er ist zwar selbst Katalane, hält aber beharrlich am Modell des gemeinsamen spanischen Staates fest.

Und dann zog ihm eine Frage nach seiner Einstellung zu Kuba endgültig den diplomatischen Boden unter den Füßen weg. Borrell ließ sich dazu hinreißen, die Politik der USA gegenüber Kuba zu verurteilen und lief Lawrow damit ins offene Messer. Der meinte, die EU könne gerne zum Partner Russlands werden, wenn es um Kuba geht. Das wäre dann, wie Lawrow meinte, eine sinnvolle internationale Kooperation zum gegenseitigen Nutzen. Rund 50 Minuten lang konnte

Lawrow seinen Gast fast ungehindert mit einem Seitenhieb nach dem anderen treffen. Auf Fernsehbildern ist zu sehen, wie Sergej Lawrow am Ende der Pressekonferenz, seinen Gast hinausbegleitend, noch einmal kurz den Blick in Richtung Publikum und Kameras richtet, mit einem satten Grinsen im Gesicht. Die anwesenden internationalen Medienleute wussten in diesem Moment noch nicht einmal, dass sich Lawrow die ultimative Provokation seines Gastes für die nun folgenden Minuten aufgespart hatte. Denn erst während der zweiten Sitzung der beiden Minister, die auf die Pressekonferenz folgte, wurde bekannt, dass Russland am selben Tag drei Diplomaten aus den EU-Ländern Deutschland, Polen und Schweden des Landes verwiesen hatte. Borrell musste es von seiner Delegation erfahren. Der Mann, der die Ausweisung ausgesprochen hatte, hatte ihm gegenübergesessen und das Geheimnis dabei für sich behalten.

Die Europäische Union, die nach den Worten eines ihrer wichtigsten Akteure die Sprache der Macht sprechen sollte? Dieser Union hatte es, für alle sichtbar, die Sprache auf der Weltbühne verschlagen. Die nächsten Tage und Wochen musste Josep Borrell mit kleinlauten Rechtfertigungsversuchen verbringen. Und damit war der Demütigung der höchsten EU-Repräsentanten noch lange nicht genug.

„Ähmmm ..."

Wenig später, Anfang April 2021, war ein Besuch der höchsten Repräsentanten der EU in Ankara angesetzt. Charles Michel, der EU-Ratspräsident, und Ursula von der Leyen, die EU-Kommissionspräsidentin, waren im riesigen Palast des türkischen Präsidenten Recep Tayyip Erdoğan zu Gast. Als Erdoğan die beiden in das verschwenderisch ausgestattete große Besprechungszimmer führte, standen an der Stirnseite, vor den Fahnen der Türkei und der EU, zwei bequeme Polstersessel. Der eine, an der Fahne klar zu erkennen, für den Gastgeber bestimmt. Auf den anderen, der vor der EU-Flagge stand, steuerte sehr zielstrebig der EU-Ratspräsident zu. Charles Michel, ein Mittvierziger, der Regierungschef von Belgien gewesen war und jetzt bei den Gipfelrunden den Präsidenten der Großen und Mächtigen gibt, hielt sich ganz offensichtlich für ausersehen, den Platz an der Seite von Gastgeber Erdoğan einzunehmen. Doch dann drang ein kurz und knapp hervorgestoßener Laut an alle Ohren im Saal: „Ähmmm ..." Es war Ursula von der Leyen, die ihre Verblüffung und Verärgerung klar kommunizierte. Ihr war nämlich ein Platz in der – protokollarisch gesehen – zweiten Reihe zugedacht worden, auf einem ziemlich weit von den beiden Präsidenten entfernten Sofa und vis-à-vis des türkischen Außenministers Mevlüt Çavuşoğlu, der ein weiteres Sofa zugewiesen bekam. Es sah ein bisschen aus, als wäre der Saal geteilt worden in eine Bühne für die Herren Erdoğan und Michel und einen Zuschauerraum für Ursula von der Leyen und den Außenminister.

Am nächsten Tag – die Bilder waren um die Welt gegangen – richtete sich die erste Empörung vor allem gegen Gastgeber Erdoğan. Er hätte eine bewusste Provokation gesetzt, er hätte ein Signal der Frauenfeindlichkeit gesetzt und die EU durch protokollarisches Auseinandersetzen symbolhaft gespalten, so prasselte es auf die Türkei und ihre höchsten Repräsentanten ein.

Aber in Brüssel drehte sich der Wind rasch in eine andere Richtung: Was war eigentlich in Charles Michel, den Ratspräsidenten, gefahren, der ganz bereitwillig mitgespielt hatte? Und wo waren die Protokollbeamten, die normalerweise im Vorfeld alles daransetzen, dass solche Peinlichkeiten gar nicht erst entstehen können? Es stellte sich heraus, dass

Leute vom EU-Protokoll in Ankara dabei gewesen waren. Aber nur jene von Charles Michels Seite. Das Provokante der Sitzordnung schien ihnen verborgen geblieben zu sein. Und hätte Charles Michel die Situation nicht selbst retten können, etwa indem er Ursula von der Leyen seinen Fauteuil neben Erdoğan offerierte? Er habe keinen Eklat vor laufender Kamera riskieren wollen, ließ Michel später mitteilen.

Das „Sofagate" von Ankara zeigt sinnbildlich, wie schwer sich die EU selbst damit tut, ihren komplizierten Aufbau in die reale Welt von Recht und Macht hineinzuprojizieren. Denn die Statusfragen, mit denen die Türkei so geschickt jonglieren konnte, sind nicht ganz einfach zu klären. Charles Michel, der Mann, der regelmäßig mit Angela Merkel, Emmanuel Macron und allen anderen um den Gipfeltisch von Brüssel sitzt, bekommt international üblicherweise den Rang eines Staatspräsidenten zugewiesen. Ursula von der Leyen, die Chefin des riesigen Beamtenapparats der EU-Kommission, gilt dann als so etwas wie eine Regierungschefin, eine protokollarische Stufe tiefer. Gerade für den türkischen Präsidenten Erdoğan wäre es aber ratsam gewesen, von der Leyen gleichrangig zu behandeln. Denn es ist ihre Kommission, die die Vereinbarungen mit der Türkei in konkrete finanzielle Zuwendungen umsetzt und konkrete Zugeständnisse dafür fordert. Auch bei den Zollerleichterungen, die sich die Türkei wünscht, hat die Kommission im Detail mehr zu reden als die Staats- und Regierungschefs, die nur die großen Linien vorgeben. Aber Realität und Wahrnehmung klaffen hier oft auseinander, und das macht es der EU so schwer, für ihre Sprache der Macht gemeinsame Sprachrohre zu finden.

Das Geburtstagsfest

Wer ist denn das, die EU? Diese Frage taucht immer wieder bei protokollarischen Problemen auf. Das war schon im Jahr 2012 so, als der EU der Friedensnobelpreis zugesprochen wurde. Wer den Preis entgegennehmen sollte, war damals heiß umstritten. Der Ratspräsident, sozusagen als Vertreter der obersten Etage? Der Kommissionspräsident als Chef der wichtigsten Institution? Oder der EU-Parlamentspräsident, immerhin der Einzige der drei, der durch eine europaweite Wahl legitimiert wird? Am Ende standen alle drei in Oslo auf der Bühne: Ratspräsident Herman Van Rompuy, Kommissionspräsident José Manuel Barroso und Parlamentspräsident Martin Schulz. Drei Herren in etwas fortgeschrittenem Alter, alle drei einförmig ausgestattet mit grauem Anzug, weißem Hemd und blauer Krawatte. Der einzige äußerliche Unterschied betraf die jeweilige Verteilung von Haar-, Bart- und Glatzenflächen auf den drei Häuptern.

Es mangelt nicht an Versuchen, die EU „weltpolitikfähig" zu machen. Sie hätte, wenn es nach ihrem Verfassungsvertrag vom Anfang der Zweitausenderjahre ginge, sogar einen eigenen Außenminister bekommen sollen. Aber der Vertrag war letztendlich nicht durchzubringen, und so amtiert heute eine „Hoher Vertreter" und gibt den Quasi-Außenminister. Seit dem Jahr 2011 hat er auch so etwas wie ein eigenes Ministerium zur Verfügung, den Europäischen Auswärtigen Dienst. Es gibt jetzt Botschafterinnen und Botschafter der EU in aller Welt, und es gibt einen eigenen Beamtenapparat in Brüssel, zu dem sogar eine Art Geheimdienst gehört, mit eigener Nachrichtenzentrale. Dort fließen aber nur die Erkenntnisse zusammen, die die Geheimdienste der einzelnen EU-Staaten für so harmlos halten, dass alle anderen auch davon erfahren dürfen. Was die Staaten durch das gegenseitige

Ausspionieren untereinander so erfahren haben, davon wird man im Brüsseler Lagezentrum nie etwas hören, denn das wäre ja ein Verstoß gegen den schönen einheitlichen Schein. Aber immerhin: Zum zehnten Geburtstag des Auswärtigen Dienstes, etwas verfrüht gefeiert im Dezember 2020, machte die frühere US-Außenministerin Madeleine Albright dieser Institution ein ganz besonderes verbales Geschenk: „Ihr habt Europa seine Telefonnummer gegeben", sagte sie in einer Videoschaltung, mit der das Jubiläum begangen wurde – eine Anspielung auf eine harte, aber gerechte Einschätzung, die gerne dem seinerzeitigen US-Außenminister Henry Kissinger zugeschrieben wird: „Wen rufe ich an, wenn ich die europäische Position hören will?", soll er vor fünf Jahrzehnten gesagt haben. Nun also die freundlichen Worte von Frau Albright und ihre Versicherung, die richtige Nummer liege nunmehr in Washington auf.

In zynischen Brüsseler Kreisen wird übrigens gerne erzählt, dass sich unter dieser Nummer jetzt ein Anrufbeantworter meldet, auf dem es heißt: „Hier ist die gemeinsame Außen- und Sicherheitspolitik der Europäischen Union. Wenn Sie die französische Position hören wollen, drücken Sie bitte die Ziffer eins, für die deutsche Position die Ziffer zwei", und so weiter.

Es ist noch ein weiter Weg zu mehr Gemeinsamkeit in der EU-Außenpolitik. Daran lassen auch die drei Leute keinen Zweifel, die nach Madeleine Albright in eine Diskussion zum Geburtstag des EU-Außenamtes einsteigen, die pandemiebedingt in einem gemischten Format stattfindet, mit Gästen auf der Bühne in Brüssel und anderen, die per Video zugeschaltet sind. Javier Solana, der seinen 80. Geburtstag schon in Sichtweite hat, ist per Video dabei. Er war der erste EU-Außenbeauftragte. Zwei Ereignisse hätten damals den raschen Wandel der weltweiten Verhältnisse eingeläutet, meint er. Das erste seien die Anschläge vom 11. September 2001 gewesen. Das zweite, ebenfalls 2001, der Beitritt Chinas zur Welthandelsorganisation. Beides habe auch die Europäer vor ganz neue Herausforderungen gestellt. Einen Apparat, der aufgebaut ist wie ein Ministerium, hatte Solana damals noch nicht zur Verfügung. „Wir hatten damals weniger Macht, aber mehr Einfluss", meint Solana. Er hebt die Tage im Jahr 2008 hervor, in denen er in einem Grenzkonflikt zwischen Russland und Georgien vermittelnd eingreifen konnte, einfach nur deshalb, weil beide Seiten ihn und die EU respektiert hätten. Aber er ist ehrlich genug, um auch von den Tagen zu reden, in denen die EU, außenpolitisch gesehen, „zerbrochen ist", wie er sagt. Es waren die Wochen und Monate vor dem Einmarsch der USA im Irak im Jahr 2003, als Deutschland und Frankreich den USA eine militärische Beteiligung verweigerten, Großbritannien und wichtige EU-Beitrittskandidaten im Osten Europas sich dagegen voll auf die Seite der US-Amerikaner stellten. Ein EU-Anrufbeantworter für Henry Kissinger wäre damals heißgelaufen mit der Fülle unterschiedlicher Positionen.

Als zweite Diskutantin beim Geburtstagsfest für die EU-Außenpolitik sitzt Federica Mogherini auf der Diskussionsbühne. Sie war von 2014 bis 2019 die Hohe Vertreterin, jetzt kann sie die EU-Politik aus akademischer Distanz verfolgen, als Rektorin des „College of Europe" in Brügge, einer der traditionell wichtigsten Ausbildungsstätten für die Elitebeamten der EU. Sie wird nach den Höhepunkten ihrer Amtszeit gefragt, und da fällt ihr sofort ein Datum ein, das sie sich für immer merken wird: der 14. Juli 2015, der Tag, an dem nach nächtelangen Verhandlungen in Wien die Grundzüge eines Abkommens mit dem Iran fertig verhandelt waren. Federica Mogherini hatte sehr engagiert ihre Vermittlerrolle gespielt, aber letztendlich waren es die USA und der Iran, die den Kompromiss tragen und vertreten mussten, der dann bis zu Donald Trumps Absage an den Deal auch Wirklichkeit wurde.

Noch einen Höhepunkt nennt Federica Mogherini dann: In ihrer Amtszeit sei es gelungen, die PESCO-Vereinbarung zu schließen, mit der innerhalb der EU auf stärkere militärische Zusammenarbeit gesetzt wird.

Es ist vielleicht nicht beabsichtigt, aber als Josep Borrell dran ist, der amtierende Hohe Beauftragte, setzt er so etwas wie einen Kontrapunkt dazu: Sein prägendes Erlebnis sei der erste Tag im Amt gewesen, Anfang Dezember 2019. Da habe er nämlich in Paris an einer Gedenkfeier für 13 französische Soldaten teilgenommen, die bei einem Einsatz in Mali, den auch die EU unterstützt, ums Leben gekommen waren. Borrell wirkt sehr nachdenklich, als er davon erzählt. Er weiß, dass sich hinter dem Wort „Weltpolitikfähigkeit" auch der Wille zur Machtausübung verbirgt, und dass es zum Einsatz der Macht nun einmal auch dazugehört, das Leben von Menschen aufs Spiel zu setzen.

Natürlich macht die EU lieber als Friedensmacht von sich reden, und auf diesem Feld liegen bis heute ihre ganz großen Stärken. Wenn es um die friedliche Zusammenarbeit geht, vor allem beim weltweiten Handel, ist die EU eine Großmacht. Dadurch, dass sie für sehr vieles einheitliche Regeln und Standards ausgearbeitet hat, folgt ihr ein großer Teil der Welt. „Wir haben einfach die größte normative Macht auf der Welt", sagt Federica Mogherini. Viele Bücher sind schon über die zahlreichen EU-Regeln geschrieben worden, an die man sich auf allen Kontinenten hält, weil es keinen Sinn hätte, sich für jeden Absatzmarkt auf andere Vorschriften einzulassen. Vom Orangensaft in Brasilien, der nach EU-Standards für die ganze Welt produziert wird, bis hin zu Lebensmittelzusätzen, die in der EU nicht erlaubt sind und daher von global agierenden Fast-Food-Produzenten gleich überall gemieden werden. Es ist eine ganz besondere Art der Machtentfaltung, die die EU auf all diesen Gebieten unter Beweis gestellt hat, in vielerlei Hinsicht auch eine Rechtfertigung für ihre vielfach gescholtene Regulierungsbürokratie. Aber die Sprache der Macht, die erklingt in diesem Fall eher nur als Flüstern hinter den Kulissen, von dem im Zuschauerraum so gut wie niemand etwas zu hören bekommt.

Der Gipfel von Genf:
Agreement to disagree

Hannelore Veit

Genf zeigt sich Mitte Juni 2021 von seiner schönsten Seite. Es herrscht strahlendes Sommerwetter. In der herrschaftlichen Villa La Grange mit Blick auf den Genfersee treffen sich – zum ersten Mal als Präsidenten – Joe Biden und Wladimir Wladimirowitsch Putin. Die aus dem 18. Jahrhundert stammende Villa La Grange war schon mehrmals Schauplatz von weltpolitisch wichtigen Treffen, dieses ist das höchstrangige – und eines, bei dem es um nichts weniger als das zukünftige Miteinander oder Gegeneinander der beiden Großmächte geht. Die Beziehungen sind an einem Tiefpunkt angelangt, das betonten beide Seiten vor diesem Treffen unermüdlich. Es sollte ein Gipfel der Gestik werden, nicht der Resultate, und ein Schritt zurück zur Normalität, zu Gipfeltreffen, wie wir sie gewohnt sind.

Einen der denkwürdigsten Gipfel hatte ich drei Jahre zuvor in Helsinki erlebt. Auch Helsinki zeigte sich damals, im Juli 2018, von seiner schönsten Seite. Keine Wolke trübte den Himmel in der ungewohnt heißen finnischen Hauptstadt. Mit dem Wetter hatten sich die Veranstalter, die sonst alles perfekt organisiert hatten, leicht verkalkuliert: Als eine der Hauptattraktionen für die Delegierten und den enormen Pressetross, der angereist war, waren überall im weitläufig abgesperrten Gipfelgelände Saunas installiert worden. Das Interesse daran war bei 31 Grad im Schatten überschaubar.

Im finnischen Präsidentenpalast trafen Donald Trump und Wladimir Putin zu einer zweistündigen Unterredung zusammen. Vor dem Palast, abgetrennt durch den Katajanokka-Kanal, wartete die Weltpresse. Das Interesse war riesig. Alle

US-Sender hatten dort ihre Außenstudios aufgebaut und moderierten die Sendungen vom Schauplatz des Geschehens. CNN war mit weit mehr als 50 Mitarbeitern angereist, erzählte mir Anchorman Jake Tapper, den ich im Flugzeug am Weg nach Helsinki traf. Für den ORF waren Carola Schneider und ich, die Bürochefinnen aus Moskau und Washington, dabei, um „unsere" Präsidenten bei ihrem Tête-à-Tête zu beobachten. Die anschließende Pressekonferenz war einer jener Momente im Leben von Journalisten, an die man sich noch lange erinnert. Trump erklärte, fast treuherzig, Wladimir Putin habe ihm versichert, dass Russland sich nicht in den amerikanischen Wahlkampf 2016 eingemischt habe, und er, Trump, glaube ihm das. Ein US-Präsident desavouierte da vor laufenden Kameras die eigenen Geheimdienste, nicht nur einen: 17 US-Geheimdienste (ja, so viele gibt es) hatten unisono festgestellt, dass Russland sehr wohl versucht hatte, die Präsidentenwahl 2016 zu beeinflussen. Tage- und wochenlang wurde dieser Auftritt Trumps in den amerikanischen Medien diskutiert.

Putin, der Ex-KGB-Agent, der smarte, entschlossene und hinterlistige Verteidiger Russlands, hatte gepunktet, Donald Trump hatte sich von dem gewieften Politiker über den Tisch ziehen lassen. Trump war nicht der Erste, der sich mit Putin schwertat. Vor ihm hatte sich schon George W. Bush viel Spott und Häme eingehandelt, als er bei einem Treffen 2001 in Slowenien erklärte, er habe Putin in die Augen geschaut und ihn als geradlinig und vertrauenswürdig empfunden. „I was able to get a sense of his soul", er habe einen Einblick in seine Seele erhalten, sagte George W. Bush – eine Aussage, die ihn bis heute verfolgt.

Joe Biden gab sich immer schon als der toughe Putin-Kenner. In einem Interview mit dem Magazin „New Yorker" behauptete er, er habe bei seinem ersten Treffen mit Putin 2011 – Biden war damals Vizepräsident unter Barack Obama –

zum damaligen russischen Premierminister in Anspielung auf George W. Bush gesagt: „Ich habe in Ihre Augen geschaut und ich glaube nicht, dass Sie eine Seele haben." Putin habe kühl lächelnd geantwortet: „Wir verstehen einander." So erzählt Biden die Geschichte.

Kein Eklat = Ein Erfolg

Die Latte für den Genfer Gipfel am 16. Juni 2021 lag niedrig. Biden selbst hatte die Erwartungen gedämpft. Wochen zuvor hatte er in einem Interview mit dem Fernsehsender ABC auf die Frage, ob Putin ein Killer sei, klar mit „Ja" geantwortet. Eine Bemerkung, die ihm herausgerutscht war, wie das Biden des Öfteren passiert, oder volle Absicht? Ich neige zur zweiteren Interpretation. Putin nahm die Aussage gelassen auf. Er wisse ja, wie das in der Politik so läuft: Mit Biden könne er arbeiten.

In Genf standen sich zwei Politiker gegenüber, die mit allen Wassern gewaschen sind. Joe Biden blickt auf 50 Jahre Erfahrung im Senat und 8 Jahre als Vizepräsident unter Barack Obama zurück, war auch Vorsitzender im Außenpolitischen Ausschuss des Senats. Außen- und Sicherheitspolitik sind seine Stärken. Wladimir Putin ist seit 22 Jahren der starke Mann in Russland. Egal, welche Rolle er innehatte, ob Präsident oder Premierminister, immer zog er die Fäden.

Dass es diesmal keine gemeinsame Pressekonferenz geben würde, obwohl die Russen das gerne gesehen hätten, machte Biden von vornherein klar. Trump hatte Putin eine Bühne geboten. Biden wollte das nicht tun.

Kommentatoren auf der ganzen Welt sprachen nach dem Treffen von einem positiven ersten Schritt. Kein Eklat, kein gescheiterter Gipfel, das reicht in Zeiten wie diesen. Man vereinbarte, die Botschafter, die nach dem Killer-Sager Bidens abgezogen worden waren, wieder an ihre Arbeitsplätze, also in die Botschaften in Washington und Moskau, zurückzuschicken. Das ist tatsächlich ein Minimalkonsens. Das deutsche „Handelsblatt" kommentierte ironisch: „Dass man die jeweiligen Botschafter wieder zulässt und im Dialog bleiben will, hat ungefähr die Bedeutung des Anknipsens eines Lichtschalters bei anbrechender Nacht."

Persönliche Beziehungen können zwar nicht die Weltpolitik grundlegend beeinflussen, wie der selbsternannte Dealmaker Donald Trump meinte. Aber sie sind überproportional wichtig geworden, unterstreicht die Politologin und Russland-Expertin Angela Stent, die an der renommierten Georgetown University in Washington lehrt. Angela Stent hat demokratische und republikanische Präsidenten beraten, Bill Clinton genauso wie George W. Bush. „In Russland", sagt sie, „ist das Regierungssystem auf eine Person zugeschnitten. Anders als unter Breschnew in der Sowjetunion, damals gab es Institutionen. Jetzt gibt es Putin. Alles hängt an seiner Person. Daher ist das Verhältnis zwischen den Männern an der Spitze dieser beiden Länder so wichtig geworden."

Vier amerikanische Präsidenten haben sich bemüht, mit Putin auszukommen. George W. Bush hatte Putin auf seine Ranch in Texas und in das idyllische Anwesen der Bush-Familie in Kennebunkport in Maine, auf einer Halbinsel am Atlantik gelegen, eingeladen. Ohne große Erfolge.

Barack Obama wollte, wie er es ausdrückte, den Reset-Knopf drücken, einen Neuanfang mit Putins Russland versuchen, um auszuloten, ob eine Partnerschaft möglich wäre. Mit diesem Unterfangen scheiterte er spektakulär. Sogar der sonst so vornehm zurückhaltende Obama ließ sich zu spitzen Bemerkungen hinreißen: Wie der gelangweilte Schüler, der in der letzten Bankreihe lümmelt, habe sich Putin bei einem der seltenen Treffen benommen, beschrieb er den russischen Präsidenten. Gar nicht verzeihen konnte er Putin, dass dieser dem Whistleblower Edward Snowden politisches Asyl gewährt hatte. Es sind die USA, die immer Demokratie und Meinungsfreiheit hochhalten, die Dissidenten vor dem Zusammenbruch der Sowjetunion jahrzehntelang bei sich aufnahmen. Putin, der wahrlich nicht viel von freier Meinungsäußerung hält, hatte den Spieß umgedreht. Obama ließ daraufhin einen geplanten Gipfel im September 2013 platzen.

Donald Trump wiederum ließ in seinen vier Jahren als Präsident keine klare Linie gegenüber Russland erkennen. Vom Autokraten Putin zeigte er sich beeindruckt, Sanktionen gegen Russland gab es trotzdem.

Im polarisierten Umfeld des Jahres 2021 gilt schon die Tatsache, dass Biden und Putin sich treffen und dreieinhalb Stunden miteinander reden, als Fortschritt. Beide können sich als Gewinner dieses Treffens sehen, so analysiert es Thomas Greminger, Direktor des Genfer Zentrums für Sicherheitspolitik und ehemaliger Generalsekretär der OSZE, der Organisation für Sicherheit und Zusammenarbeit in Europa. „Beide haben sich bemüht, das Gegenüber nicht als Verlierer aussehen zu lassen. Beide sind sich mit ausgeprägtem Respekt begegnet. Putin hat während seiner Pressekonferenz Biden mehrmals für seine Professionalität, für seine Erfahrung und seine Ausgewogenheit gelobt." Herzlichkeit wollte keine aufkommen, der „Einblick in die Seele" wurde endgültig zum Running Gag der russisch-amerikanischen Präsidententreffen. „Mir scheint, dass wir dieselbe Sprache gesprochen haben", sagte Putin. „Das bedeutet aber sicherlich nicht, dass wir uns in die Augen gesehen und eine Seele gefunden oder ewige Freundschaft geschworen haben."

Rivale Russland?

Es war ein Treffen geprägt von Misstrauen, bei dem es nicht viel Manövriermasse gab: Die USA brauchen Russland, wenn es um die Krisengebiete Iran und Syrien geht, und wollen eine Eskalation in der Ukraine vermeiden. Putin andererseits kann dem Publikum zu Hause sagen: Seht her, das war eine Begegnung mit dem Präsidenten der Vereinigten Staaten auf Augenhöhe, Russland hat einen Platz auf der Weltbühne.

Einigkeit darüber, dass es Differenzen gibt, agreement to disagree, war in vielen Bereichen der einzig mögliche Ansatz. Biden zog klare rote Linien: Cyberattacken und versuchte Wahlbeeinflussung dürfe es nicht mehr geben; wenn die Russen einen Cyberangriff führten, müssten sie mit Vergeltung rechnen. Die territoriale Integrität der Ukraine müsse gesichert sein. Auch Menschenrechte waren wieder Gipfelthema. In diesem Fall war es das Schicksal des Regimekritikers Alexej Nawalny, der nach einer Giftattacke in Deutschland behandelt worden war, bei seiner Rückkehr nach Moskau prompt verhaftet und in der Folge zu jahrelangem Arbeitslager verurteilt wurde.

Rote Linien hatten US-Präsidenten freilich auch in der Vergangenheit gezogen – und dann tatenlos zugesehen, wie diese überschritten wurden. Wie ernst es Biden ist, wird sich erst zeigen, wenn Putin – wie es fast zu erwarten ist – sich an diese roten Linien herantastet.

In manchen Bereichen wolle man auch zusammenarbeiten, hieß es, Klimaschutz oder Rüstungskontrolle sind Beispiele. Compartmentalization, Schubladendenken, charakterisiere die Beziehungen zwischen den USA und Russland schon seit Langem, sagt auch die Politologin Angela Stent. Wenn möglich, ziehen die beiden an einem Strang, aber es gibt fundamentale Unterschiede, die sie trennen.

Ein grundlegender Satz Bidens, wie er den Rivalen Russland einschätzt, fällt fast beiläufig, als er schon die Heimreise nach Washington antritt. Vor der startbereiten Air Force One geht Biden am Flughafen in Genf noch einmal auf die kleine Gruppe von White-House-Journalisten zu, die ihn auf dieser Reise begleitet haben. Biden, dem oft ungewollte Aussagen herausrutschen und der sich gerne als der „nette Joe von nebenan" gibt, will sich für eine schnippische Antwort an eine CNN-Reporterin in der vorangegangenen Pressekonferenz entschuldigen. Er gibt in diesem kleinen, zwanglosen Gespräch mit Journalisten vor laufenden Flugzeugtriebwerken mehr von seiner Denkweise preis als im formellen Setting zuvor: „Russland ist von China in die Ecke gedrängt worden. Russland will ein Player auf der internationalen Bühne sein. Russland kämpft darum, relevant zu bleiben. Das ist für dieses Land wichtig." Was hier mitschwingt, was Biden denkt, ist klar: Für die USA ist Russland nicht mehr die rivalisierende Supermacht, Russland ist eine im Niedergang befindliche Regionalmacht. Der große Rivale für die Amerikaner heißt nicht Russland, er heißt China.

CHINA, DIE AUFSTREBENDE SUPERMACHT

China, China und immer wieder China. Wen immer man in Europa oder in den USA zu Zukunftsthemen befragt, man kann sicher sein, dass das Wort China in irgendeiner Form fällt. China ist *die* Supermacht der Zukunft. Die USA sehen China als Rivalen. Und nur als Rivalen. China als Partner, von diesem Konzept haben sich die Vereinigten Staaten schon lange verabschiedet. Donald Trump hat es ganz simpel ausgedrückt: China habe die USA mit unfairen Handelspraktiken über den Tisch gezogen, die USA hätten sich das gefallen lassen, das wolle er nicht mehr mitmachen. So ganz unrecht hatte er damit nicht. Joe Biden hat bisher nichts von Trumps China-Politik zurückgenommen, im Gegenteil, er bringt einen zusätzlichen Aspekt noch viel stärker ein: Menschenrechte. Sanktionen zurücknehmen? Wir prüfen, heißt es. So sehr sich Joe Biden von seinem Vorgänger unterscheidet, er kann sich zurücklehnen, muss eine harte Linie nicht erst einführen, er kann sie einfach weiterführen. Hört man sich in Washingtoner Politkreisen um, was denn die größte außenpolitische Herausforderung für die Biden-Regierung sei, so lautet die Antwort bei Demokraten und Republikanern unisono: China.

Nicht nur hat China es verstanden, mit kommerziellen Produkten die westlichen Märkte zu erobern, China steht hinter Cyberangriffen, und China ist zu einer rivalisierenden Militärmacht geworden. Im südchinesischen Meer toben

Machtspiele zwischen China und den USA. Immer intensiver debattiert man in Washington, was denn passieren würde, wenn es zu einem militärischen Konflikt um Taiwan kommt, um die Insel, die China als abtrünnige Provinz sieht, die aber für den Westen als Symbol für den Widerstand gegen das kommunistische China steht.

In ihrer Haltung gegenüber China sind sich Republikaner und Demokraten in den USA ausnahmsweise einig, es ist eines der ganzen wenigen Themen, die als „bipartisan" gelten. Die Biden-Regierung hätte die Europäer im Wettstreit mit China gerne auf ihrer Seite. Doch Europa tut sich im Umgang mit China schwer. Europa hat eine Linie, die eigentlich keine ist. Rivale? Oder vielleicht doch Partner? Europäische Produkte nach China zu verkaufen, ist verlockend, manchmal extrem verlockend, weil der Markt im riesigen Reich der Mitte enormes Potenzial hat. China baut neue Exportrouten auf, noch schneller und sicherer sollen Güter ins Land und vor allem aus dem Land in den Rest der Welt befördert werden.

China hat sich, ohne viel Aufsehen zu erregen, in Europa eingekauft und ist, wenn es gebraucht wurde, mit Finanzmitteln oder Zusagen für Projekte da gewesen. China hat es verstanden, seine soft power strategisch einzusetzen. Je enger die Verbindungen, desto schwerer ist es, auf Distanz zu gehen.

Der Westen beschwört, wenn es kritisch wird, immer wieder den einenden Gedanken herauf: Gemeinsame Werte wie Demokratie, Meinungsfreiheit und Pressefreiheit verbinden uns und unterscheiden uns von autoritär geführten Ländern. Vielleicht sollten wir uns öfter darauf besinnen, auch und gerade, wenn es um China geht.

Der Kampf um die
weltpolitische Vorherrschaft
Hannelore Veit

„Nichts ist in den nächsten Jahrzehnten so wichtig wie die Beziehungen zwischen den Vereinigten Staaten und China." Diesen Satz hat mir Fred Kempe, Präsident und CEO des Atlantic Council schon im Sommer 2015, also vor sechs Jahren, ins Mikrofon gesagt. Das Atlantic Council ist eine der wichtigsten Denkfabriken Washingtons, hier werden Probleme nicht isoliert betrachtet, hier geht es um Geopolitik, hier geht es um das, was so gerne „the big picture" genannt wird. Der Satz Fred Kempes gilt im Jahr 2021 nicht nur immer noch, er hat an Gewicht und Bedeutung gewonnen. China ist ein Global Player, eine wirtschaftliche Großmacht, drauf und dran, die USA als größte Wirtschaftsmacht der Welt abzulösen. Und: China ist eine Großmacht mit militärischen Ambitionen. China ist *das* große Thema für die Amerikaner.

Unter Barack Obamas Präsidentschaft wurde intensiv diskutiert über die Fragen: Kann China Partner sein? Ist China in erster Linie Rivale? Kann China Partner *und* Rivale sein? Inzwischen haben die USA eine klare Antwort darauf: China ist ein Rivale. Punkt.

Unter Donald Trump ist die amerikanische Chinapolitik zweifellos härter geworden. Auch wenn er sonst einen außenpolitischen Schlingerkurs fuhr und von den Medien gerne mit dem treffenden Beiwort „unberechenbar" versehen wurde, auch wenn er den chinesischen Präsidenten bei sich zu Hause auf seinem Anwesen Mar-a-Lago in Florida empfing, in der Sache blieb Trump hart. „China will die USA mit seinen unfairen Handelspraktiken umbringen", dieser Satz war von ihm immer wieder zu hören. Chinesische Produkte belegte er mit Strafzöllen, die Chinesen reagierten prompt und verhängten ihrerseits Importzölle auf amerikanische Güter. Amerikas Sojabohnenfarmer, die enorme Mengen ihrer Produktion nach China exportieren, machten harte Zeiten durch. China versuche mit seinen Technologien die Welt zu beherrschen, war Trumps Leitgedanke. Den chinesischen Huawei-Konzern erklärte er zum feindlichen Unternehmen, das die Welt von seiner Technologie abhängig machen wolle und ein Sicherheitsrisiko darstelle – eine für viele nachvollziehbare Haltung. Großbritannien schlug sich auf Trumps Seite, der Rest Europas ist sehr wohl bereit, mit Huawei Geschäfte zu machen, wie Peter Fritz im Kapitel „China in Europa" so treffend beschreibt.

Ein harter Kurs

Donald Trump hat seinem Nachfolger einen Gefallen getan: Was Trump vorgelegt hat, hat Joe Biden aufgegriffen. Der neue Präsident denkt nicht daran, die Zölle, die Trump eingeführt hat, abzuschaffen. „Wir prüfen erst einmal", heißt es aus dem Weißen Haus. Donald Trump hatte die Rolle des Bad Cop übernommen, Biden muss nichts mehr draufsetzen, kann sich – mehr oder weniger entspannt – zurücklehnen.

„Bidens Chinapolitik ist näher an Trump als an Obama", sagt auch Peter Rough, Senior Fellow am Hudson Institute, einer konservativen Denkfabrik in Washington. Überrascht es ihn, dass Biden, der Demokrat, die Chinapolitik Trumps fortführt?, frage ich ihn. Seine Antwort ist ein klares Nein.

Der harte China-Kurs ist in den USA unumstritten. Demokraten und Republikaner sind sich einig – was in den letzten Jahren selten geworden ist. Geistiger Diebstahl und aggressive staatliche Subventionen für Chinas Unternehmen sind den Amerikanern schon lange ein Dorn im Auge.

Allerdings, manchmal zählt das Pekuniäre mehr. Jahrzehntelang haben sich chinesische Studenten Knowhow von US-Universitäten geholt – unter dem Deckmantel der freien Wissenschaft. Für die Universitäten in den Vereinigten Staaten sind chinesische Studierende lukrativ. Sie zahlen meist die vollen Studiengebühren, die bei privaten Top-Universitäten gut und gerne 40.000 bis 50.000 Dollar pro Jahr betragen, Wohnungskosten nicht mit eingerechnet. Darauf verzichten auch gut dotierte Unis ungern.

Joe Biden will die Autonomie der Universitäten nicht antasten. Er setzt bei Unternehmen an – und zieht die Schraube sogar noch ein bisschen weiter an: Wo Donald Trump chinesische Investitionen in amerikanische Märkte zu verhindern suchte, probiert es Biden auch andersrum. Per Präsidentendekret untersagt er es amerikanischen Investoren ab dem Sommer 2021, ihr Geld in chinesische Unternehmen zu stecken, die die USA als sicherheitspolitisch relevant sehen.

Europa auf seine Seite zu ziehen, eine gemeinsame amerikanisch-europäische Chinapolitik zu formulieren, die die Chinesen zwingt, eine andere Strategie zu entwickeln und ihre bisherigen Methoden aufzugeben, das wird für Joe Biden nicht leicht. Die EU, allen voran Deutschland, hat starke Wirtschaftsinteressen in China. Das Verhältnis zu China definieren die Vereinigten Staaten und Europa zwar mit ähnlichen Worten, aber mit grundlegend anderen Prioritäten. Die Amerikaner sehen China als Gegner, als Mitbewerber und als Partner in manchen Bereichen, in genau dieser Reihenfolge. Anders die Europäer. Bei ihnen kommt Partnerschaft vor Rivalität. Peter Rough: „China hat versucht, Europa für sich zu gewinnen, indem es die Wirtschaft so stark vernetzt hat, dass es schwierig wird für die Europäer, an der Seite der Amerikaner am Konfrontationskurs festzuhalten. Will man jetzt diese Vernetzung wieder rückgängig machen, wird das schmerzhaft – die Antwort der Chinesen wird sein: Wohin wollt ihr dann eure BMWs verkaufen? Unter dem Deckmantel der Globalisierung hat sich China in die europäische Wirtschaft eingeschlichen und Abhängigkeiten geschaffen."

Immerhin, ein Investitionsabkommen, das die EU Ende Dezember 2020 mit China – sehr zum Ärger der USA – geschlossen hat, steht im Moment auf dem Abstellgleis. Angesichts diplomatischer Zerwürfnisse und gegenseitiger Sanktionen sei das Umfeld für eine Ratifizierung des Abkommens derzeit nicht günstig, heißt es aus der EU-Kommission. Die EU hatte die Menschenrechtssituation in China kritisiert, China hatte mit Sanktionen geantwortet.

Oberstes Ziel des chinesischen Präsidenten Xi Jinping ist es, die transatlantische Allianz zu schwächen, so sehen es die Amerikaner. Peter Rough: „Sie ist seinem Traum von der Weltherrschaft im Weg." Ziel der Chinesen ist es auch, multilaterale Institutionen zu unterwandern. Sei es die Weltgesundheitsorganisation WHO, in der China bei der Bestellung des Generaldirektors ein gewichtiges Wort mitredete, seien es die Vereinten Nationen. UNO-Diplomaten in New York warnen davor, dass China immer mehr Einfluss bei den Vereinten Nationen gewinnt. Als Diplomaten sagen sie das zwar off the record, aber besorgt sind sie allemal. Auch in internationalen Organisationen sind die liberalen Demokratien des Westens unter Druck.

Militärisches Drohungsszenario

Es klingt für den außenstehenden Beobachter erstaunlich und fast unglaubwürdig. Doch in den USA wird in den letzten Monaten immer intensiver über ein mögliches Kriegsszenario diskutiert. Taiwan als möglicher Auslöser eines geopolitischen Konflikts, diese Diskussion hat in den letzten

Monaten die Mainstream-Debatten erreicht. Militärplaner im Pentagon arbeiten längst an Strategien, wie die USA Chinas hemmungslose Machtgelüste konterkarieren könnten. „China ist unsere größte Herausforderung", sagt der amerikanische Verteidigungsminister Lloyd Austin. „Ein kleiner Funke kann ein Feuer entfachen." Der Pentagon-Chef bedauert das Fehlen einer Hotline, eines roten Telefons, zwischen Washington und Peking.

Taiwan, die Insel mit 24 Millionen Einwohnern vor der Südküste der Volksrepublik China, gerade einmal 160 Kilometer vom Festland entfernt, ist der gefährlichste Platz der Welt, so beschreibt es auch der „Economist". Die Zeitschrift widmete Taiwan im Mai 2021 eine Titelgeschichte.

China sieht Taiwan als abtrünnige Provinz, für Peking gibt es nur *ein* China. Peking verfolgt ganz klar das Ziel der Wiedervereinigung, friedlich, aber notfalls auch mit Gewalt – so die neuen Töne aus der KP-Machtzentrale in Peking. Für Xi Jinping, den starken Mann Chinas, sind alle Optionen auf dem Tisch.

„Warum würde China Taiwan angreifen und eine Krise heraufbeschwören?", frage ich Peter Rough, der sich in seinen Analysen am Hudson Institute intensiv mit dem Thema China beschäftigt: „Es wäre ein extremer Schritt Pekings, der nicht morgen passieren wird. Aber das Szenario wird ernsthaft diskutiert. Es könnte eintreten, wenn die Führung in Peking denkt, dass die Amerikaner nicht bereit sind einzuschreiten, wenn die Führung in Peking erkennt, dass das Machtgleichgewicht sich zu ihren Gunsten verschoben hat." Zum ersten Mal seit drei Jahrzehnten müsse man die Möglichkeit ernsthaft ins Auge fassen, dass China Gewalt anwenden könnte, um den seit fast einem Jahrhundert andauernden Krieg zwischen China und Taiwan zu beenden, schreibt das renommierte und einflussreiche außenpolitische Magazin „Foreign Affairs".

Signale aus China, die in diese Richtung gehen, sind deutlich zu erkennen, nicht nur für Sicherheitsexperten: China rüstet in der Region seit Jahren auf, baut Korallenriffe und Sandbänke im südchinesischen Meer zu künstlichen Inseln aus, legt Landebahnen für Flugzeuge an, bringt Artillerieeinheiten in Stellung und baut militärische Stützpunkte. Chinesische Kriegsflugzeuge fliegen fast täglich Manöver in unmittelbarer Nähe der Insel. Das Säbelrasseln ist deutlich zu vernehmen.

Die USA sind nicht vertraglich gebunden, Taiwan zu verteidigen, einen Beistandspakt wie unter NATO-Ländern gibt es nicht. Trotzdem: Ein Angriff Chinas auf Taiwan wäre ein Dilemma für die USA. Lassen sie es zu und reagieren nicht, dann bricht die gesamte „First Island Chain" zusammen – die westliche Verteidigungslinie der Inselkette im Pazifik, die von Japan über Taiwan und die Philippinen läuft –, mit ihr würde die Pazifikstrategie der USA zusammenbrechen.

Im Konfrontationskurs mit China wollen die USA Verbündete, und zwar nicht nur die Pazifik-Anrainer Japan, Südkorea, Australien – sondern auch Europa. Europas Wirtschaftsinteressen stehen einer Blockbildung aber im Weg.

Für die Biden-Regierung geht es im Wettstreit mit China aber nicht nur um Wirtschaft und um militärische Vorherrschaft, es geht auch um Ideologien. Es geht um eine gemeinsame Strategie demokratisch gesinnter Verbündeter gegen autoritäre Regime. Es geht um Werte, die die USA und Europa gemeinsam haben. Die Amerikaner wollen die Europäer in die Pflicht nehmen, wollen wissen, wie verlässlich Europa ist. „Die Europäer haben immer gesagt, mit Trump können wir nicht gut, er war ein schwieriger Präsident, aber wenn Europa auch mit Biden nicht kann, dann müssen die Amerikaner erkennen: Es geht um strukturelle Faktoren", meint der China-Experte Peter Rough. „Man hat groß geredet von der liberalen Weltordnung unter Trumps Präsidentschaft. Es kostet etwas, die liberale Weltordnung zu verteidigen. In der Vergangenheit hat es nichts gekostet, weil die USA für diese Weltordnung standen und so mächtig waren, dass sich China nicht getraut hat, gegen die USA vorzugehen. Aber jetzt, wo sie in Gefahr ist, lautet die Frage: Ist man bereit, auch schmerzhafte wirtschaftliche Einbußen in Kauf zu nehmen? Ist Europa jetzt bereit, zu sagen: Wir bleiben auf Kurs?"

China in Europa: Rivale und Partner

Peter Fritz

Der Platz, auf dem das Reiterstandbild von Albaniens Nationalheldheld Skanderbeg thront, hat viel gesehen. Mitten in der Hauptstadt Tirana gelegen, ist er das Zentrum von Albaniens wechselvoller Geschichte. Nach Jahrzehnten stalinistischer Diktatur, einem Fast-Bürgerkrieg in den 1990er-Jahren und mehr oder weniger demokratischen Zuständen seither sieht sich das Land jetzt relativ zielstrebig auf einem Kurs, der in Richtung EU-Mitgliedschaft führen soll. Aber auf dem Skanderbeg-Platz, an einem schönen Februartag des Jahres 2019, geht es ganz und gar nicht europäisch zu. Zum ersten Mal wird hier mit einem großen, bunten Zeremoniell der Auftakt des chinesischen neuen Jahres begangen. Mit einer Drachenfigur, die ihren langen Ringelschwanz über den Platz zieht, mit bunten Papierlaternen, die den Abendhimmel erleuchten, und mit Angehörigen chinesischer Firmen und vielen Einheimischen, die der chinesische Botschafter auf den Platz gebeten hat. Früher wurde der Anlass nur ganz bescheiden gefeiert, in kleinem Kreis hinter den Botschaftsmauern. Aber jetzt zeigt China gerne auch offiziell und offen, was es so zu bieten hat.

Albanien ist für China kein ganz einfaches Pflaster. Viele Jahre lang hatte sein kommunistischer Diktator Enver Hodscha das Land in enger Anlehnung an China unter Mao führen wollen, um dann im Jahr 1978 abrupt mit China zu brechen, weil es ihm dort für seinen Geschmack nicht mehr kommunistisch genug zuging. Jetzt aber ist alles ganz anders. China will auch hier, in Albanien, Fuß fassen. Nicht mehr als politisches Vorbild für einen Diktator, sondern als wirtschaftlicher Partner einer aufstrebenden, weitgehend marktwirtschaftlich orientierten Nation. Der neue Busbahnhof in Tirana, so verkündet es der Botschafter bei der Feier, soll nun gemeinsam von einem albanisch-chinesischen Konsortium erbaut werden. Der Flughafen der Stadt steht schon seit längerer Zeit in chinesischem Eigentum, und im Mobilfunknetz des Landes sind Geräte des chinesischen Herstellers Huawei im Einsatz, jedenfalls bei der Funktechnik der vierten Generation, die noch nicht so umstritten ist wie das neue 5G-Netz, das nun europaweit zum Zankapfel im Ringen um Chinas neue Rolle wird. Denn allen Bemühungen Chinas um neue Bindungen zum Trotz ist Albanien Mitglied der NATO geworden und sieht sich nun auch immer stärker Rufen aus den USA gegenüber, der Bündnistreue den Vorzug zu geben und Huawei zu verschmähen, wenn es um die neueste Technik geht.

„Sag mir, wer dein 5G-Anbieter ist, und ich sage dir, wie es um deine geopolitischen Loyalitäten bestellt ist", meint der bulgarische Politologe Ivan Krastev verschmitzt im Gespräch mit einer Podcast-Runde des Magazins „politico". Er räsoniert sogar, die Entscheidung pro oder contra Huawei, vor der nun viele Staaten und Firmen in Europa stehen, erinnere ihn ein wenig an die Zeit, in der sich die europäischen Staaten nach dem Zweiten Weltkrieg für oder gegen die US-Aufbauhilfe aus dem Marshallplan zu entscheiden hatten. Sie gerieten damit in die Mitte des damals tobenden Systemkonflikts und zementierten die Zweiteilung Europas in die großen Einflussbereiche von Ost und West. Diesmal ist es anders, zumindest an der Oberfläche: China legt großen Wert darauf, niemandem sein politisches System aufdrängen zu wollen, wie es seinerzeit die Sowjetunion mit ihren Satellitenstaaten machte. Aber der systemische Einfluss ist trotzdem schon da. Er ist besonders dann spürbar, wenn die EU versucht, sich auf ihre gemeinsame Außen- und

Sicherheitspolitik zu besinnen. Um deren Einklang ist es immer dann recht dürftig bestellt, wenn die Großmachtpolitik auch nur in einem der 27 EU-Staaten etwas anders gesehen wird als anderswo. Denn in Grundsatzfragen der Außenpolitik herrscht der Zwang zur EU-weiten Einstimmigkeit. Und wenn es darum geht, China zu verurteilen, etwa wegen seines zunehmend rücksichtsloseren Auftretens als Machthaber im Südchinesischen Meer, der Unterdrückung der Uiguren oder seiner Menschenrechtsverletzungen in Hongkong, dann ist es mit der Einstimmigkeit meist nicht sehr weit her. Gerne halten dann Staaten wie etwa Griechenland, Ungarn oder Kroatien die gemeinsamen Beschlüsse so lange auf, bis am Ende ein stark verwässerter und möglichst nichtssagender Beschluss übrigbleibt. Es sind in schöner Regelmäßigkeit jene Staaten dabei ausschlaggebend, die sich von intensiveren Kontakten mit China die größten handelspolitischen Vorteile versprechen.

Hard power versus soft power

Europa hat sich im Verhältnis mit China auf eine Linie begeben, die eigentlich keine ist. Denn es sieht vorsichtshalber gleich alle Möglichkeiten für den Umgang mit China vor, je nachdem, auf welchen Feldern es gerade das Verhältnis zu definieren gilt. „Wir sehen China als Partner für eine Zusammenarbeit, als Verhandlungspartner, als wirtschaftlichen Konkurrenten und als systemischen Rivalen", heißt es im jüngsten Strategiedokument aus dem Auswärtigen Dienst der EU. Alle diese Annahmen können also gleichzeitig wahr sein. Damit bleibt vieles – ganz bewusst – im Ungewissen. Nur allzu gerne würde die EU den chinesischen Versicherungen glauben, wonach eine wirtschaftliche Annäherung zwischen Europa und China ausschließlich ein Win-win-

Verhältnis hervorbringen könnte, eine Beziehung, von der beide Seiten gleichermaßen profitieren. Aber in der Realität haben viele europäische Firmen gegenteilige Erfahrungen gemacht. Etwa mit dem oft ziemlich unverhohlenen Zwang, in China ihre Firmengeheimnisse preisgeben zu müssen und damit die chinesische Konkurrenz auf deren eigenem Boden zu fördern.

Es ist ein Zwiespalt, den vor allem die Industrie in Deutschland, dem wirtschaftlich stärksten Land der EU, stets vor Augen hat. Sie musste etwa in den letzten Jahren erleben, dass die Produktion von Solarpaneelen, die Strom aus Sonnenlicht gewinnen, praktisch zur Gänze von Deutschland nach China gewandert ist. Aber als die EU daran dachte, die Billiglieferungen chinesischer Paneele nach Europa mit Strafzöllen zu belegen, stand Deutschland dennoch auf der Bremse. Denn die hochkomplexe Steuerungselektronik für die billigen chinesischen Produkte kommt immer noch aus deutschen Fabriken, und die höheren Zölle hätten damit indirekt auch den deutschen Zulieferern geschadet.

Ziemlich betrübt, aber letztendlich machtlos, war die deutsche Politik dann, als einer der wichtigsten Entwickler deutscher Zukunftstechnologien, der Roboterbauer Kuka, in chinesische Firmenhände ging. Eine Technologie, die im Zusammenspiel mit künstlicher Intelligenz die wirtschaftliche und letztendlich auch militärische Dominanz der Zukunft sichern könnte, so einfach aus der Hand zu geben, war dann selbst den engagiertesten Verfechtern des freien Handels zu viel. Seither wird an Regeln gebastelt, die es national und auf EU-Ebene ermöglichen sollen, Übernahmen von außerhalb der EU zu verbieten, wenn sie eigene strategische Interessen gefährden.

Wirtschaftlicher Einfluss zählt, ebenso wie militärische Dominanz, zur „hard power", der harten Machtpolitik, mit der Staaten und Blöcke seit jeher um Einfluss ringen. Aber auch die „soft power", die ihren Namen dem US-Politologen Joseph Nye verdankt, wird gerne eingesetzt, wenn es gilt, eine machtpolitische Rolle zu spielen. Und so ist in den letzten Jahren in Belgrad, der Hauptstadt Serbiens, ein großes chinesisches Kulturzentrum entstanden, an einem sicher nicht zufällig gewählten Ort. Genau dort stand nämlich bis zum Jahr 1999 die chinesische Botschaft, die damals durch ein NATO-Bombardement in Schutt und Asche gelegt wurde, beim kurzen, aber heftigen Krieg um Kosovo. Die NATO bedauerte damals ihr Versehen, vergessen hat den Schlag bis heute niemand in Serbien. Und so hat die härteste der „hard powers", die die NATO damals einsetzte, zur Folge, dass chinesische „soft power" einen neuen Stützpunkt auf dem vielfach umworbenen Westbalkan bekommt.

Diplomatisches Wechselgeld

Irgendwo zwischen „hard" und „soft" steht neuerdings noch eine weitere Form der Machtausübung, und zwar jene, bei der ein internationaler Wettlauf der Großmächte darum stattfindet, wer in einer Notlage Hilfe anbieten kann, gegen Geld oder einfach nur gegen die Zusicherung politischen Wohlwollens. Serbien war auf dem Höhepunkt der Covid-Krise besonders geschickt in der Disziplin, gleich drei Machtblöcke, die um Einfluss auf dem Balkan ringen, so raffiniert gegeneinander auszuspielen, dass für das Land daraus ein Optimalfall resultierte. Denn anders als die EU hatte Serbien rasch statt eines Mangels an Impfstoff einen Überfluss im Land, weil sich sowohl die EU als auch Russland und China beeilt hatten, Serbien bevorzugt mit ihren jeweiligen Impfstoffen zu versorgen. Und so begab es sich, dass sich aus dem reichen EU-Land Österreich im Frühling des Jahres

2021 rund 40 international tätige Schlüsselarbeitskräfte der Salzburger Kranbaufirma Palfinger in das wesentlich ärmere EU-Kandidatenland Serbien aufmachten, um dort etwas zu erhalten, was in der EU für sie noch nicht zu bekommen war: eine Covid-Schutzimpfung mit den in der EU zwar zugelassenen, aber dort nur zaghaft gelieferten Substanzen von Biontech und AstraZeneca. Serbien demonstrierte damit auch ein Stück weit seine eigene Macht: Es werde sich, so die unausgesprochene Botschaft hinter der neuen Impfdiplomatie, machtpolitisch weder der EU noch Russland noch China total ausliefern. Wenn schon, dann allen diesen globalen Spielern – aber immer nur jeweils ein Stückchen weit.

Großmächte gegeneinander auszuspielen, das ist eine Disziplin, bei der auch das benachbarte kleine Montenegro gerne mitgespielt hätte. Auch dort wetteifern die EU, Russland und China um strategischen Einfluss. Aber nur China war bereit, dort das ehrgeizige Projekt einer Autobahn mitten durch die zerklüftete Berglandschaft zu finanzieren. Ein Projekt, das die großen europäischen Entwicklungsbanken EBRD und EIB zuvor als sinnlos und unfinanzierbar bezeichnet hatten. Und so floss ein chinesischer Kredit, und eine chinesische Firma machte sich an die Bauarbeiten. Noch ist das Projekt nicht fertig, aber nach einem Machtwechsel dämmerte es der neuen Regierung des Landes sehr rasch, dass Montenegro das aufgenommene chinesische Geld nie zurückzahlen wird können. Die Verträge rund um das Projekt sind geheim, aber es gilt als sicher, dass China im Fall einer Zahlungsunfähigkeit vollen Zugriff auf einen Hafen an Montenegros Küste erhält. Strategisch sicher ein Gewinn, aber wirtschaftlich wird an diesem Beispiel deutlich, dass Chinas Initiativen auch zu Lose-lose-Situationen führen können. Es zeichnet sich ein finanzielles Debakel für beide Seiten ab.

Im April 2021 ließ Montenegros Regierung dann in Brüssel vorfühlen, ob es nicht doch denkbar wäre, dass die EU nachträglich in das unglücklich verlaufene Autobahnprojekt einsteigt und Montenegro bei der Rückzahlung der dafür aufgenommen Schulden assistiert. Die Antwort kam rasch und eindeutig. „Die EU ist der größte Investor in Montenegro und auch der wichtigste Handelspartner dieses Landes", stellte Peter Stano, der außenpolitische Sprecher der EU-Kommission fest, um dann sehr kühl nachzusetzen: „Wir werden nicht für Schulden aufkommen, die Montenegro bei Dritten gemacht hat." In kühler fiskalischer Logik ein eindeutiger Fall für die EU. Aber die verständliche Zurückhaltung hat auch ihren Preis. Und den wird sich China holen, sobald sich die Gelegenheit bietet.

Lebensadern der chinesischen Expansion
Peter Fritz

Flüsse, Straßen, Zugänge zum Meer. Das waren jahrhundertelang die wichtigsten Faktoren, wenn es darum ging, sich politisch und wirtschaftlich auf der Welt zu behaupten. Wer die Straßen zu Lande und die Transportwege zu Wasser kontrollierte, wer an wichtigen Straßenkreuzungen Städte baute und an Brücken Maut verlangen durfte, der hatte die Macht. Später kamen Eisenbahnlinien als neue Lebensadern dazu, die die Industrialisierung tragen konnten, so weit die Schienen reichten. Aber neuerdings kommen noch ganz andere Adern ins Spiel, in denen der Puls der Industrie- und Informationsgesellschaft schlägt. Wer heute auf Karten schaut, die den Grad an internationaler Verflechtung und Vernetzung bemessen, der schaut auf die Öl- und Gaspipelines, die immer noch die begehrtesten Rohstoffe liefern. Dazu kommen in jüngster Zeit die Glasfaserkabel, die Land und Meere durchziehen, und über die das fließt, was gerne als „das neue Öl" bezeichnet wird: Daten über alles und über jeden, die zum wertvollen Rohstoff für die Wirtschaft geworden sind, zur Grundlage für den Weg ins Zeitalter der künstlichen Intelligenz.

Aber die wichtigsten Routen für die Welt der Dinge laufen allesamt über das Meer. Dort wird bei Weitem das größte Volumen transportiert, dort bewegen sich 90 Prozent der weltweit gehandelten Güter voran, wenn sie nicht – auch das kommt vor – dort stecken bleiben. Die ganze Welt horchte auf, als Ende März 2021 ein Sandsturm dazu führte, dass sich das Containerschiff „Ever Given" im Suezkanal verklemmte, und zwar so sehr, dass sechs Tage lang hart daran gearbeitet werden musste, das Schiff wieder flottzubekommen. Fast 20.000

Container hatte die „Ever Given" geladen. Und 400 Schiffe standen im Stau, auf beiden Seiten des Suezkanals. Ein Umweg über die Südspitze Afrikas hätte sie enorm viel an zusätzlicher Zeit und Unmengen an zusätzlichem Treibstoff gekostet. Kein Wunder also, dass auch Chinas Bestrebungen, mit dem Rest der Welt ins Geschäft zu kommen, vor allem einem wichtigen Seeweg gelten und erst in zweiter Linie einer Landverbindung, die der historischen Seidenstraße nacheifern soll.

Chinas Tore zur Welt

Chinas Slogan „One Belt, one Road" lässt sich nur auf holprige Weise ins Deutsche übersetzen. Denn der „Belt", der Gürtel, um den es da geht, kann Straßen oder Schienen bedeuten, aber mit der „Road", der Straße, ist eigentlich eine Wasserstraße gemeint. China will maximal davon profitieren, dass es geografisch ganz ausgezeichnete Bedingungen für den weltweiten Seehandel aufweist. Eine Küste, 18.000 Kilometer lang, mit einer Reihe von Tiefwasserhäfen, die auch im Winter eisfrei bleiben und die selbst größte Containerschiffe mühelos zur Beladung aufnehmen können. Sieben der zehn größten Häfen dieser Art auf der Welt sind derzeit in China zu finden. Und ein achter wird mit chinesischem Geld nahe der besonders wichtigen Wasserstraßen in der Golfregion weiter ausgebaut: Gwadar in Pakistan, vielleicht der wichtigste Knotenpunkt in einem neuen Netz aus Verbindungen, an dem China jetzt arbeitet. Über Pakistan könnte China eine zweite Versorgungsroute für Öl und Gas einrichten, mit einer Pipeline, die als Projekt erwogen wird, und mit schnellen Straßen- und Bahnverbindungen, die in die chinesische Provinz Xinjiang führen sollen. Die neuen Linien durchziehen praktisch auf voller Länge von Süd nach Nord das gesamte Gebiet Pakistans. Sie nützen ein Nadelöhr in den Bergen, um an

Afghanistan und Indien vorbei eine neue pakistanisch-chinesische Achse für den Landtransport zu schaffen. China preist das Projekt als großzügige Hilfe für Pakistans wirtschaftliche Entwicklung an. China hofft aber auch, dass Pakistan in Zukunft Chinas hartes Vorgehen gegen die muslimischen Uiguren in Xinjiang eher tolerieren könnte. Dann nämlich, wenn ein gemeinsam genutztes Bündel von Lebensadern die beiden Partner zueinander zwingt. Und dass der Tiefseehafen von Gwadar in Zukunft auch als chinesischer Flottenstützpunkt militärischen Zwecken dienen könnte, wird in der offiziellen Kommunikation tunlichst verschwiegen.

China weiß sehr genau, wo im Welthandel die „choke points" sitzen, die Engstellen, an denen der Verkehr für ganze Länder abgewürgt werden kann. Der Suezkanal ist eine davon, das hat der Zwischenfall mit der „Ever Given" deutlich gezeigt. Aber für China viel wichtiger ist die Straße von Malakka, eine Meerenge, an die Malaysia, Singapur und Indonesien angrenzen. Fast alles, was China braucht oder liefert, muss durch dieses Nadelöhr. Auch die Ölversorgung des riesigen Landes steht und fällt mit den Tanktransporten durch diese enge Wasserstraße. Indien sitzt nahe daran und könnte im Fall von Spannungen zwischen Indien und China die Meerenge ziemlich einfach mit Kriegsschiffen blockieren. Auch für die USA mit ihrer großen Marinemacht wäre es ein Leichtes, Chinas Nachschubweg an dieser Stelle abzuschneiden.

Daher ist der neue Weg über Pakistan eine der Möglichkeiten, die China jetzt sieht, um seine Zugänge zur Welt und seine eigenen Versorgungswege offen zu halten. Auch im Norden des Landes, an der Grenze zu Russland, wird Chinas ständig steigender Energiehunger auf neuen Wegen gestillt: mit einer Erdgasleitung aus Russland, die sich im Endausbau bis nach Shanghai ziehen soll. Es geht China bei der „Belt and Road"-Initiative um zwei Dinge: Alles, was ins Land kommt, soll auf neuen, verbesserten Wegen befördert werden können. Aber natürlich geht es auch darum, möglichst viel wieder aus dem Land herausbefördern zu können. Der Export soll Chinas Wachstum auch weiterhin beflügeln, und neue Exportrouten sollen den Weg dazu bahnen. Die neue Seidenstraße gibt auch den Ländern Zentralasiens ganz neue Möglichkeiten. Turkmenistan, Kasachstan, Usbekistan – sie werden alle mit chinesischen Versprechungen und chinesischem Geld dazu verlockt, sich entlang der Seidenstraße selbst als Importeure, Exporteure und Durchzugsstation im alten Glanz aus Seidenstraßenzeiten neu zu erfinden. Aber Misstrauen ist weit verbreitet. China hatte im Mittelalter das gute Einvernehmen mit vielen seiner Nachbarn gepflegt. Aber sie mussten Chinas Oberherrschaft anerkennen und regelmäßige Tribute an den chinesischen Kaiserhof abliefern. Es ist eine Befürchtung, die sich entlang der Seidenstraße fortpflanzt: Die Chance, mit China ins Geschäft zu kommen, soll nicht zur Chance für China werden, bis nach Europa hin eine Kette von tributpflichtigen Nationen aufzufädeln.

Die Konkurrenz schläft nicht

Ist die neue Seidenstraße der Schlüssel zur Machtergreifung Chinas in ganz Eurasien, von Westeuropa bis nach Vietnam? In seiner Studierstube im Dänischen Institut für Internationale Studien sitzt der Forscher Luke Patey vor einer großen Asienkarte und plädiert für größtmögliche Gelassenheit. In einer langen Videokonferenz mit dem „German Marshall Fund" führt er aus, dass auch die Konkurrenz nicht schläft. Zwar hatten die USA unter Donald Trump das transpazifische Handelsabkommen aufgekündigt und damit die Befürchtung geweckt, das Land werde alle seine Partner bedenkenlos in die Arme Chinas treiben, aber passiert sei etwas ganz anderes. Luke Patey meint, Japan habe sofort die Führung übernommen und die Gruppe so lange zusammengehalten, bis sich auch in den USA der politische Wind wieder zu drehen begann. Und auch eine Gruppe namens „The Quad", die die USA, Indien, Japan und Australien umfasst, werde regionalpolitisch wichtig bleiben.

Luke Patey geht sogar so weit, in Chinas großer Offensive den Schlüssel des Scheiterns zu erblicken. Er hat das Buch „How China Loses" geschrieben, in dem er argumentiert, China habe gleich zwei Gefahren unterschätzt. Nämlich erstens die Gefahr, sich finanziell mit nutzlosen oder nicht kontrollierbaren Projekten wie etwa in Montenegro zu überheben, und zweitens das Risiko, auf zu viel Misstrauen zu stoßen bei denen, die meinen, es gehe China ohnehin nur um den eigenen Nutzen.

Es gibt auch Experten, die darauf hinweisen, wie leicht sich der Spieß manchmal umdrehen lässt. Die Türkei habe China mit den eigenen Waffen geschlagen, meint etwa der Sicherheitsforscher Michaël Tanchum. Mit chinesischem Geld und als Teil des großen „Belt and Road"-Programms habe die Türkei schnelle Bahnlinien aufgezogen, die nun einen neuen Transportweg bis nach Aserbeidschan eröffnen – und von dort geht es dann mit neuen Containerschiffen weiter über das Kaspische Meer nach Turkmenistan, von wo der weite Weg bis nach Xinjiang in China führen kann. Die wirtschaftlichen und politischen Chancen entlang dieser neuen Route seien aber für die Türkei viel größer als für China, meint Professor Tanchum. Denn der Raum, in dem mit dem Türkischen verwandte Sprachen gesprochen werden, erstreckt sich entlang dieser Route bis nach China, ins Gebiet der vorwiegend muslimischen Uiguren. China habe also womöglich statt neuer Chancen ein neues Risiko finanziert mit seinem ehrgeizigen, aber vielleicht allzu übereifrigen Plan.

Außerdem gibt es durchaus auch bei vielen Staaten in Europa Bestrebungen, neben der chinesischen Karte noch möglichst viele andere ziehen zu können, wenn es um die neuen Lebensadern geht. Italien verhält sich dem chinesischen Programm gegenüber durchaus freundlich, aber wieder ist es Professor Tanchum, der darauf hinweist, dass Italien längst schon für sich selbst ein ganz ähnliches Programm geschaffen hat. Unter dem Namen „Il Mediterraneo allargato", der erweiterte Mittelmeerraum also, zieht Italien ein Netz neuer Verbindungen hoch, das verblüffend an den einstigen Kern des römischen Weltreichs rund um das Mittelmeer erinnert. Von der Türkei erstreckt sich eine neue Containerschiffslinie bis nach Tunesien, mit dem italienischen Tiefwasserhafen Taranto als wichtigster Zwischenstation. Über Tunesien strömt algerisches Erdgas nach Italien, durch eine Pipeline unter dem Meer, die nach Sizilien reicht. Und entlang derselben Route verläuft jetzt auch ein 600 Megawatt starkes Stromkabel. Irgendwann könnte Solarstrom aus Afrika auf diesem Weg nach Europa fließen. Der Balkan ist mit einer neuen Pipeline durch die Adria angebunden, und auch in Ägypten hat sich Italiens Energiekonzern ENI ein Standbein zugelegt. Das Mittelmeer bietet Platz zur Expansion. China fischt im selben Teich, aber in der eigenen Nachbarschaft genießen die Nachfolger der römischen Eroberer von einst dann doch immer noch einen gewissen Heimvorteil.

HERAUSFORDERUNGEN DER ZUKUNFT

Es ist in dieser Zeit des Zweifels kein Wunder mehr, dass der grundsätzlichste Zweifel von allen immer weiter in den Vordergrund des menschlichen Denkens und Handelns gerückt ist. Wir alle zweifeln nämlich mitunter schon daran, ob die Menschheit längerfristig auf diesem Planeten überhaupt noch eine Lebensperspektive haben wird. Die Erde kann auch ohne uns existieren. Aber wir können nicht ohne die ganz speziellen Lebensverhältnisse existieren, die uns diese Erde bietet. Zwar gehört der Weltuntergang und damit die Angst vor ihm schon seit Tausenden Jahren zum Fundus der Menschheitsgeschichte. Aber die Fülle möglicher Bedrohungen ist größer geworden.

Sich vor Fluten, vor Dürre oder Schädlingen zu fürchten, war den Menschen zu allen Zeiten zu eigen. Sehr genau achteten sie auf Veränderungen des Wetters und des Klimas, mussten mit Epochen fertigwerden, in denen es einmal zu kalt und einmal zu heiß war, irgendwo auf der Welt. Die Völkerwanderung setzte nicht ein, weil die Völker ihre Wanderlust entdeckt hatten, sondern weil sie die Grundlagen ihres Lebens an ihren gewohnten Orten verloren hatten, auch damals oft schon aus klimatischen Gründen.

Im 20. Jahrhundert kam zur Angst vor dem Verlust der natürlichen Lebensgrundlagen die Angst hinzu, die Menschheit könnte sich mit neu entwickelten Waffen selbst zur Gänze auslöschen. Bis heute hält in der Folge des Schocks von

Hiroshima und Nagasaki das nach 1945 entwickelte Tabu: Kein Staat denkt daran, Atomwaffen als ersten Schlag in einem Konflikt einzusetzen, weil die Gefahr eines vernichtenden Gegenschlages jeden Konflikt ins Unkalkulierbare treiben könnte.

Neue Gefahren und neuen Konfliktstoff bringt auch die weltweite Bevölkerungsentwicklung mit sich. Weite Teile der entwickelten Welt rechnen schon mit einem kräftigen Bevölkerungsrückgang in den nächsten Jahrzehnten. In Afrika könnte sich die Zahl der dort lebenden Menschen aber gut und gerne noch verdoppeln. Es ist vorhersehbar, dass damit auch sämtliche Fragen rund um die Migration von Menschen noch mehr als bisher allen unter den Nägeln brennen werden.

In den letzten beiden Jahren sind weitere Ungewissheiten dazugekommen. Die Menschheit hat aufs Neue gelernt, dass sie eine verwundbare Stelle behalten hat, allem Fortschritt von Medizin und Biowissenschaften zum Trotz. Das Zeitalter der großen Seuchen galt vielen schon als überwunden. Aber das Coronavirus hat uns eines Schlechteren belehrt. Nach wie vor haben Krankheitserreger das Potenzial, unser alltägliches Leben schwer zu erschüttern. Wie rasch alte Gewohnheiten und als selbstverständlich empfundene Freiheiten ins Wanken geraten können, wenn eine neue, potenziell tödliche Bedrohung wie das Coronavirus am Horizont auftaucht, auch damit wird man sich in der Rückschau auf die Pandemiezeit intensiv befassen müssen.

Zusätzlich steht das alles auch noch unter dem großen Fragezeichen der weltweiten Klimaentwicklung. Nur kurz war die Zeit, in der die Menschheit weniger Kohlendioxid und andere Treibhausgase in die Luft blies, weil auf dem Höhepunkt der Corona-Pandemie auch viel Verkehr und manche Produktionsanlagen ruhten. Jetzt steigt der Ausstoß klimawirksamer Substanzen recht ungebremst wieder an, und vor unseren Augen nimmt das größte Experiment der Menschheitsgeschichte seinen Lauf: Wird es gelingen, mit den Folgen des Klimawandels so fertigzuwerden, dass die Zahl neuer Konflikte begrenzt bleibt? Es gibt keinerlei Garantien dafür.

Wir befassen uns in den nächsten Kapiteln mit den großen Herausforderungen dieser Zeit. Mit neuen Kriegen, mit der Migration und mit dem drohenden Klimaschock. Noch gibt es Wege, sich auf alle diese Herausforderungen einzustellen. Aber sie erfordern viel politischen Mut.

Der unsichtbare Gegner

Von Peter Fritz

Es gibt nicht allzu viele gute Gründe für einen Ausflug in die italienische Kleinstadt Codogno, einige Kilometer südlich der Metropole Mailand gelegen, Heimat für rund 16.000 Menschen. Aber sollten Sie einmal in der Nähe sein, dann lenken Sie Ihre Schritte bitte vor das Gebäude im Zentrum, in dem die lokale Niederlassung des italienischen Roten Kreuzes ihren Sitz hat. Sie werden, unmittelbar vor diesem Haus, auf eine ganz besondere Erinnerungsstätte stoßen: eine Platte, ungefähr in der Größe, wie sie das Grab eines Menschen bedecken könnte, gefertigt aus dunkelbraun angelaufenem Stahl. Darauf, aus demselben Material, drei nebeneinanderstehende Säulen mit viereckigem Querschnitt, alle ungefähr so hoch, als stünden hier drei unterschiedlich große Menschen. Und zu Füßen dieser Säulen eine Inschrift, eingraviert in weißen Lettern:

RESILIENZA COMUNITÀ RIPARTENZA
Widerstandskraft, Gemeinschaft, Neubeginn

Das Denkmal von Codogno wurde im Februar des Jahres 2021 aufgestellt und eingeweiht, zum Gedenken an den Jahrestag eines dramatischen Geschehens, das sich hier zum ersten Mal in Europa nachvollziehbar abgespielt hat. In Codogno wurde zum ersten Mal auf europäischem Boden bei einem Patienten der neue Krankheitserreger SARS-CoV-2 nachgewiesen. Mattia Maestri, ein damals 38-jähriger Manager, als Hobbyfußballer und Läufer sportlich durchgestählt, hatte schon tagelang mit einer schweren Lungenentzündung gekämpft und lag im kleinen Krankenhaus der Stadt. Annalisa Malara, einer Anästhesistin im Nachtdienst, ließ der Fall keine Ruhe. Sie setzte durch, dass der Patient auf den neuartigen Erreger getestet wurde. Das widersprach damals total den Richtlinien, die das Gesundheitsministerium verabschiedet hatte. Denn der teure Test war eigentlich nur für Heimkehrer aus China mit verdächtigen Symptomen vorgesehen, und Mattia Maestri hatte nie einen Fuß nach China gesetzt. Bis heute ist unklar, wie er sich angesteckt haben könnte. Aber der Test belegte das dramatische Faktum: Mattia Maestri war der „Patient Null", der erste Fall der neuen Krankheit in Italien und damit mitten in der EU. Das stand kurz nach Mitternacht am 21. Februar 2020 fest, und damit rückte Codogno ins Zentrum der Aufmerksamkeit der Welt. Während Mattia Maestri an die Beatmungsmaschine kam und einige Wochen im Koma lag, wurde rund um Codogno zum ersten Mal eine Prozedur ausgerollt, die später überall Teil einer neuen Krisenroutine wurde. Der Lockdown nahm seinen Lauf. Alle Schulen, Bars und Geschäfte wurden geschlossen, zunächst in Codogno, später in neun weiteren Ortschaften der Gegend. Die Carabinieri rückten an und hielten Wache an den Ausfallstraßen, niemand sollte mehr hinein oder hinaus aus dem Seuchengebiet. In Wahrheit aber hatte das Virus seinen Weg in die Umgebung schon lange gefunden. Die Ärztin Annalisa Malara nimmt heute an, dass es erste Ansteckungen in Italien schon viel früher gegeben hat, bereits im Herbst des Jahres 2019. Aber niemand hatte gezielt nach dem Erreger bei Patienten gesucht, die nichts mit dem Ursprungsgebiet der Krankheit zu verbinden schien.

Notstand

China, die Stadt Wuhan, das Virus und seine unheimlichen Folgen: Das war am Beginn des Jahres 2020 durchaus schon ein Begriff, auch in Europa. Aber noch hielt sich die Illusion, man könne den Erreger irgendwie aufhalten. Die drastischen Maßnahmen, die China ergriff, bis hin zum regelrechten Zuschweißen von Eingangstüren, um Menschen in ihren Wohnkomplexen zu halten, wurden im Westen von vielen auch als beruhigend gewertet. Wer die Menschen einsperrt, sperrt vielleicht auch das Virus ein, tröstete man sich über Gefahrenszenarien hinweg. Noch dazu, wo in den Alpenregionen der Wintertourismus neuen Höhepunkten zu Saisonschluss entgegenging. Etwa in den Après-Ski-Bars von Ischgl in Tirol, wo die Menschenmassen, dicht aneinandergedrängt und durch reichlich strömenden Alkohol von jeder üblichen Distanzierung befreit, die Nächte durchfeierten.

Auch anderswo war die Sorge um das Wohlergehen der Wirtschaft zunächst viel größer als die Angst vor dem neuen Virus. In der Stadt Bergamo, nicht weit weg von Codogno, ließen die Geschäftsleute in den Tagen nach dem ersten Corona-Alarm ein Video mit dem Titel „Bergamo is running" drehen, Bergamo läuft und lässt sich nicht aufhalten. Als es sich dann wenig später trotzdem aufhalten lassen musste, da rückte schon die Armee mit Lastfahrzeugen an, weil die Bestattungsinstitute der Stadt mit dem Lagern der Särge nicht mehr nachkamen.

In aller Eile wurden Pläne geschmiedet, aber das Virus warf sie schnell über den Haufen. Vielfach regierten zunächst Sorglosigkeit, dann Hilflosigkeit und später die Illusion, man könne ein Problem kleiner machen, indem man es sich selbst vom Hals schafft, sich nicht weiter darum kümmert und es damit an die Nachbarn weiterreicht. In Ischgl wurde die Gefahr zunächst heruntergespielt. Isländische Touristen, die nach der Heimkehr aus Ischgl schwer an Corona erkrankten? Die hätten sich höchstwahrscheinlich erst im Flugzeug angesteckt, das sie nach Hause brachte, ließen offizielle Tiroler

Stellen verkünden. Sie hätten es in diesem Moment schon besser wissen müssen. Dann wurde, wenig später, die Schließung des Ortes verkündet. Aber zwischen dem Beschluss darüber und der tatsächlichen Absperrung von Ischgl verging noch einiges an Zeit, Zeit, die Tausende Gäste zu einer Abreise in großer Hektik nützten. Ischgl hatte ein Problem weniger, die Welt dagegen ein Problem mehr. Die europaweite Verteilung von Keimen, die von Massenzusammenkünften wie etwa dem Saisonfinale in Ischgl ausging, nahm ihren Lauf. Europa hatte keine Chance, die Pandemie in ihren Anfängen wirkungsvoll einzuhegen. Und als klar wurde, wie drastisch das Gegensteuern ausfallen müsste, um vollkommen unkontrollierbare Zustände zu verhindern, wurden die Töne auch in den politischen Führungsetagen ziemlich schrill. „Nous sommes en guerre", wir sind im Krieg. Sieben Mal kommt diese Formel in der nicht allzu langen Ansprache vor, die der französische Präsident Emmanuel Macron am 16. März 2020 hält. Zwei Tage später ist es die deutsche Bundeskanzlerin Angela Merkel, die das Wort an ihre Landsleute richtet. Sie vermeidet es, von einem Krieg zu sprechen, der jetzt zu führen sei. Aber sie erinnert an einen anderen Krieg, der dem Land noch in den Knochen steckt: „Deswegen lassen Sie mich sagen: Es ist ernst. Nehmen Sie es auch ernst. Seit der Deutschen Einheit, nein, seit dem Zweiten Weltkrieg gab es keine Herausforderung an unser Land mehr, bei der es so sehr auf unser gemeinsames solidarisches Handeln ankommt."

In Brüssel, am Sitz der EU-Institutionen, regiert zunächst ungläubiges Staunen. Die neue Krisenlage passt ganz und gar nicht in das Gefüge, in dem die EU üblicherweise agiert. Gesundheitsvorsorge und Maßnahmen zur Seuchenbekämpfung fallen, den EU-Verträgen zufolge, in die Kompetenz der einzelnen Staaten. Die EU hat zwar eine Kommissarin, die sich um das Thema Gesundheit kümmert, samt einer

Generaldirektion, die ihr untersteht. Aber sie hatten immer nur koordinierende Funktionen, gemeinsames Handeln war nicht so richtig vorgesehen.

Das Staunen wurde größer, als die EU-Staaten einer nach dem anderen begannen, sich einzuigeln. Grenzen wurden geschlossen, unter Ausnützung von Sonderparagrafen, die es den Staaten erlauben, sich zumindest zeitweise vom Schengen-Abkommen über freies Reisen zu verabschieden. LKW-Staus an Grenzen, die zuvor niemand mehr wahrgenommen hatte, wuchsen sich in einer Weise aus, die ernste Versorgungskrisen befürchten ließen. Noch schlimmer aus der Sicht der Hüter des gemeinsamen Marktes in Brüssel: Einzelne Staaten begannen damit, den Export von medizinischem Material und Schutzausrüstung zu verbieten. Als Italien, das erste besonders schwer getroffene Land in der EU, um Hilfe rief, fiel es zunächst leichter, Hilfstransporte aus China, Russland und sogar aus Kuba ins Land zu holen. Die Nachbarstaaten verweigerten sich größtenteils und pochten auf ihre eigenen Nöte. Die wichtigsten Grundfreiheiten der EU, darunter das Recht auf ungehinderten Durchzug von Waren und Menschen? Sie waren ausgesetzt. Regelmäßig wurde ich in Sondersendungen des ORF von Brüssel aus zugeschaltet und zur aktuellen Lage befragt. „Von dem, was die EU ausmacht, ist momentan nicht mehr viel übriggeblieben", sagte ich damals. Und ich zitierte Martin Kocher, damals noch Wirtschaftsforscher und nicht Politiker, der auf Twitter seine zynische, aber zutreffende Diagnose gefällt hatte: „Die EU ist ein Schönwetterclub." Errungenschaften, an die sich die EU-Bürger über Jahrzehnte gewöhnt hatten, entpuppten sich als wacklige Konstruktionen. Solange die Zeiten gut waren, fiel es allen leicht, sich dem Gedanken der Gemeinsamkeit zu widmen. Sobald dunkle Wolken am Horizont auftauchten, dominierten sehr rasch die national eingeübten Reflexe.

Es war ein Zustand ausgebrochen, den der Philosoph Luuk van Middelaar als „Das europäische Pandämonium" beschreibt. In einem Buch mit diesem Titel zieht er Vergleiche mit den großen Seuchen früherer Epochen. Er beschreibt die Zustände, wie sie im Frühjahr des Jahres 2020 in Europa zu beobachten waren, wie ein Tableau des Grauens, das sich früher im Angesicht der Pest dargeboten haben könnte: „In dieser Pandemie tanzen falsche Propheten um das Feuer der Verwirrung, die Wehklagen bedrohter Seelen vermischen sich mit den Schreien von Kranken und den Seufzern der Toten, während Corona-Teufel nach Luft schnappende Körper gegeneinander aufhetzen, Streit über das Einsperren der Gesunden säen und Groll gegen diejenigen schüren, die diesen Abstieg in die Hölle verschuldet haben."

Was blieb für Europa zu tun? Wohlgemeinte Initiativen liefen am Beginn total ins Leere. Ein erster Versuch, gemeinsam von Brüssel aus die Beschaffung von Schutzmasken und anderer Ausrüstung zu koordinieren, endete in einem Fiasko. Auf eine eilig zusammengestellte Ausschreibung dafür meldete sich kein einziger Lieferant. Sie hatten alle mehr als genug zu tun – mit den Regierungen der einzelnen Staaten, die nur noch auf ihre eigene Lage schauten.

„In den Abgrund starren – wie sagt man das auf Englisch?", fragte Ursula von der Leyen, die EU-Kommissionspräsidentin, damals ihre Berater. Sie wusste, dass auch ihr nun eine Schlüsselrolle zukam, aber sie wusste noch nicht, wie diese Rolle anzulegen wäre. Erst nach und nach kristallisierte sich ein Weg heraus, den sie von nun an den EU-Institutionen vorzugeben versuchte.

Der Kampf um Impfstoffe

Die gelernte Medizinerin Ursula von der Leyen wusste, dass der Schlüssel zur erfolgreichen Bekämpfung der Pandemie letztendlich von der Frage abhängen würde, ob sich ein Impfstoff gegen die Krankheit entwickeln ließe. Ob das zu schaffen wäre, war am Beginn des Jahres 2020 keineswegs sicher. Jahrzehntelang hatte sich die Forschung vergeblich bemüht, eine Schutzimpfung gegen das AIDS-Virus zu entwickeln. Würde man sich in Fall des Coronavirus leichter tun? Niemand konnte das zu diesem Zeitpunkt zuverlässig abschätzen. Aber Ursula von der Leyen versprach, viel Geld zu mobilisieren, um die Entwicklung von Impfstoffen voranzutreiben. Ihre Bedingung: Mit EU-Hilfe entwickelter Impfstoff müsste, sobald er funktioniert, für alle EU-Staaten im gleichen Tempo zur Verfügung gestellt werden.

Hat dieser Ansatz funktioniert? Ja und nein. Die EU-Institutionen gaben sich viel Mühe, die Projekte zusammenzusuchen, die ihnen die meiste Hoffnung zu bieten schienen, und sie ließen ihnen viel finanzielle Hilfe angedeihen. Aber sie brauchten sehr lange, um die Bedingungen zu klären. Angefangen von der Frage, wer für Pannen haften müsse, bis hin zu einem langen Ringen um die Preise. Die EU kam daher als Block, der die Interessen von 27 Mitgliedsstaaten im Auge haben musste, nicht so rasch vom Fleck wie einige andere, die voll auf ihre staatlichen Alleingänge setzten.

Schon früh hatten sich an der britischen Universität Oxford erste Erfolge bei der Suche nach einer neuen Impfmethode eingestellt. Boris Johnson, der britische Regierungschef, erblickte darin seine Chance. Er hatte am Beginn der Krise oft konfus und schlampig gewirkt, schien die Bedrohung nicht richtig ernst zu nehmen. So lange, bis es auch für ihn fast zu spät war und er als schwerer Corona-Fall drei Tage auf der Intensivstation verbringen musste. Aber inmitten seiner oft chaotischen Ansätze zur Krisenbewältigung setzte er mit seiner Regierung auf eine Karte, die sich als gewinnbringend erwies. Er sorgte dafür, dass die Universität Oxford und die Pharmafirma AstraZeneca, die nun gemeinsam an ihrem Impfstoff-Projekt arbeiteten, mit mehr Geld aus der britischen Staatskasse versorgt wurden, als sie aus dem EU-Fonds erhalten hatten, und er handelte Bedingungen aus, die der EU schwer im Magen zu liegen kamen: Als Preis für seine Unterstützung hatten Impfstoffe von AstraZeneca, die für Großbritannien bestimmt waren, hinkünftig absoluten Vorrang. Und das selbst dann, wenn sie in der EU produziert und später an die Briten geliefert wurden.

Boris Johnson zog damit auch einen Beispielsfall durch, mit dem er die Vorzüge des damals noch ganz frischen britischen EU-Austritts untermauern wollte. Als es in seinem Land mit dem Impfen viel schneller voranging als auf dem EU-Territorium jenseits des Ärmelkanals, hatte er einen Propagandaerfolg sondergleichen auf seinem Konto. Er hatte einen Beleg für seine These, sein Land sei ohne die EU beweglicher in seinem Tun und Handeln. Und die EU hatte einen Erklärungsnotstand und musste sich fragen lassen, warum sie den Export von Impfstoff überhaupt noch zuließ – an Staaten, die nicht daran dachten, auf ihre Exportbeschränkungen zu verzichten.

Ein Teil der Erklärung liegt darin, dass die EU ihrerseits auch von Importen abhängig ist. Wichtige Grundsubstanzen für ihre Pharmaindustrie muss sie aus aller Welt beziehen. Es war jahrelang überhaupt kein Thema, dass zum Beispiel auf dem ganzen Territorium der EU schon lange kein einziges Gramm des Schmerzmittels Paracetamol mehr erzeugt wird. Länder wie Indien oder China hatten sich als Billiglieferanten profiliert. Hätte die EU in dieser Situation durchgehende

Exportverbote erlassen, hätte sie sich der Gefahr von Retourkutschen ausgesetzt, von Maßnahmen, die wiederum ihre eigenen Importe behindert hätten. Daher blieb es bei vorsichtigen Ansätzen in diesem Bereich.

Noch viel rücksichtsloser agierte man auf der anderen Seite des Atlantischen Ozeans. Donald Trump hatte zunächst alles versucht, um die Gefahr des Virus herunterzuspielen. Er wusste zwar, dass die Bedrohung viel größer war, als er öffentlich zugeben wollte. Das vertraute er aber nur dem Autor Bob Woodward an, der diesen Einblick vereinbarungsgemäß geheimhielt.

Heute wird Donald Trump und seiner nachlässigen Politik die Hauptschuld am vermeidbaren Tod von Hunderttausenden Menschen in den USA zugewiesen. Aber Trump hat auch den Anstoß zu einer beispiellosen nationalen Impfanstrengung in den USA gegeben. Er hat das Militär und die Industrie so intensiv für Entwicklung und Produktion von Impfstoffen mobilisieren lassen, dass auch aus der EU bald neidvolle Blicke nach „drüben" gingen, in die USA, wo am Beginn des Jahres 2021 schon in den Supermärkten Impfungen für jeden Interessierten zu haben waren, während in der EU die Wartelisten immer noch länger und länger wurden.

Der Neubeginn

Als Erfolgsgeschichte lässt sich dieser Abschnitt der politischen Reise Europas also nur sehr bedingt beschreiben. Besser dürfte das gelungen sein, was zur Rettung der wirtschaftlichen Einheit der EU unternommen wurde. Hier kam Ursula von der Leyen der Umstand zugute, dass sie von Beginn ihrer Amtszeit an starke Verbindungen zu denen hatte, die in der EU immer noch tonangebend sind: die beiden einflussreichsten Mitgliedsländer Deutschland und Frankreich. Mit

Deutschlands Kanzlerin Angela Merkel war sie jahrelang als Chefin unterschiedlicher Ministerien am Kabinettstisch gesessen. Aber die Chance, an die Spitze der EU-Kommission aufrücken zu können, verdankte sie vor allem dem französischen Präsidenten Emmanuel Macron. Der hatte Ursula von der Leyen favorisiert, gegen den eigentlichen Gewinner der Europawahl, den CSU-Politiker Manfred Weber aus Bayern. Denn Weber galt Macron als zu unerfahren, und noch dazu fehlten ihm die Französischkenntnisse. So kam es, dass Ursula von der Leyen Kommissionspräsidentin wurde und danach ein einflussreiches Dreieck bilden konnte, zusammen mit ihrer Ex-Chefin Angela Merkel und ihrem Förderer Emmanuel Macron.

Zu dritt wurden nun die Grundzüge eines revolutionären Plans ausgeheckt: Zum ersten Mal in der Geschichte sollte es der EU erlaubt werden, selbst Schulden aufzunehmen. Auch eigene europäische Steuern, exklusiv für die Kassen der EU bestimmt, sollten eines Tages möglich werden. Der solcherart entstehende Topf – rund 800 Milliarden Euro schwer – sollte vor allem zugunsten jener Staaten aufgeteilt werden, die unter der Corona-Krise besonders schwer zu leiden hatten. Und außerdem sollte dann auch noch dafür gesorgt werden, dass Ursula von der Leyens ursprünglicher Plan, der „Green Deal" zur Förderung eines ökologisch orientierten Europa, mit dem neuen Corona-Hilfsplan in Einklang gebracht werden könnte.

Monatelang währte das Ringen um die Details des Programms, auch deshalb, weil die komplizierten Verhandlungen über das EU-Gesamtbudget in den gleichen Zeitraum fielen. Österreichs Bundeskanzler Sebastian Kurz schloss sich einer Staatengruppe an, die dem neuen Geldtransfer besonders enge Fesseln anlegen wollte. Aber den grundsätzlichen Zugang stellte niemand mehr in Frage. Die EU hat nun eigene Schulden, und sie arbeitet an eigenen Steuern. Das heißt: Die EU hat weitere Züge eines Staatswesens angenommen. Europa ist enger zusammengerückt – verbunden jetzt auch durch gemeinsame Schulden. Für Luuk van Middelaar, den europäisch orientierten Optimisten, haben die Zwänge der Krise einen Ausweg aus dem europäischen Pandämonium gewiesen: „Die Corona-Krise macht plötzlich eine Kluft zwischen bestehendem Recht und geforderter Verantwortung sichtbar. In einem solchen Moment ist es Aufgabe der Politik, schöpferische Brücken zu bauen, Reformen zustande zu bringen. Ein Ereignis wie dieses zwingt die Union, eine Form anzunehmen, die sie bisher nicht hatte."

Nun laufen die ersten Tests zur Frage, wie viel Vertrauen diese neue Form der Union gewinnen kann. An den Finanzmärkten hat die EU Mitte des Jahres 2021 mit der Schuldenaufnahme begonnen, und sie war bisher recht erfolgreich dabei. Mit Zinsen von unter einem Prozent für eine Laufzeit von zehn Jahren gaben sich die Investoren recht überzeugt davon, ihr Geld einmal wiedersehen zu können. Oder, wie mein Kollege Florian Eder von der Plattform „politico" spitzzüngig formulierte: „Die Geldgeber wetten darauf, dass die EU am 4. Juli 2031 noch existiert." Dann also, wenn die erste Rate von 20 Milliarden Euro zur Rückzahlung ansteht. Ich würde hinzufügen: Sie wetten auch darauf, dass diese Krise bald überwunden sein wird. Und sie wetten darauf, dass sich so schnell keine weitere Krise auftut, die die sorgfältig geschmiedeten Pläne aufs Neue über den Haufen wirft.

In Codogno bei Mailand, dort, wo alles begonnen hat, wurde Mitte des Monats Juni 2021 der erste Tag verzeichnet, an dem kein einziger Covid-Fall mehr in der Gemeinde aktenkundig war. Bei einem Stand von 63 Prozent Geimpften unter der Bevölkerung liegt die Annahme nahe, dass das auch so bleiben könnte. Auch wer nicht geimpft ist in Codogno, hat mit großer Wahrscheinlichkeit schon eine Corona-Infektion durchgemacht und damit Immunität erworben. Die oft zitierte Herdenimmunität, hier scheint sie erreicht zu sein. Und Mattia Maestri, der „Patient Null" von Codogno, ist heute gesund, aber wortkarg. „Ich will nur noch leben und vergessen", lässt er mitteilen. Und damit sei schließlich alles gesagt.

Und wie sieht es auf der anderen Seite des Atlantiks aus?

Hannelore Veit

Donald Trump hätte die Präsidentenwahl gewonnen, wäre ihm nicht das Coronavirus in die Quere gekommen, diese Meinung vertreten viele Politkommentatoren. Der Wirtschaft in den USA ging es bis März 2020 blendend, die Arbeitslosigkeit lag bei etwas über drei Prozent, was praktisch Vollbeschäftigung bedeutet. Der Aufschwung hatte nicht mit Donald Trump begonnen, sondern unter Barack Obama, erreichte aber unter Donald Trump die entscheidende Schwelle, bei der alle Bevölkerungsschichten den Boom zu spüren bekamen. Der Präsident, in typisch Trump'scher Manier, heftete sich das ans eigene Revers: Er, und nur er, sei für den Boom verantwortlich. Dazu kam eine Steuerreform, die fast allen Amerikanern mehr Geld brachte. Amerikaner wählen nun einmal gerne mit dem Blick auf die Brieftasche. Dann kam Corona und die Wirtschaft lag darnieder, der Trump-Bonus war weg. Bei der Impfstoffentwicklung hatte der immer aus einem Bauchgefühl heraus operierende Präsident zwar die richtige Intuition, doch für Donald Trumps Wiederwahl kam das zu spät.

Die Corona-Krise zeigte noch einmal deutlich die Grundbeschaffenheit dieses Landes, die Spaltung der USA. Maske zu tragen oder keine Maske zu tragen wurde zum politischen Statement. In der demokratisch regierten Hauptstadt

Washington war Maskentragen lange sogar im Freien Pflicht, und jeder hielt sich daran. Selbstverständlich rückte man in Zeiten der Krise zusammen – was in diesem Fall Auseinanderrücken bedeutete. Selbstverständlich trugen wir auf Straßen und Gehsteigen Maske, wer keine trug, wurde schief angesehen. Selbstverständlich hielten alle in den Supermärkten die Abstandsregeln ein.

In vielen republikanisch dominierten Bundesstaaten hingegen probte man den Aufstand. Der Präsident hatte es vorgemacht, er war so gut wie immer ohne Maske aufgetreten, auch, als er selbst an Covid-19 erkrankt war. Maskentragen galt in Bundesstaaten wie Florida oder Texas als politisch unkorrekt. Greg Abbott, der Gouverneur von Texas, war einer der letzten, der Anti-Corona-Maßnahmen in seinem Bundesstaat einführte, und legte sich quer, als manche Städte und Regionen striktere Maßnahmen einführen wollten. In Marion County in Florida verbot ein Polizeichef seinen Untergebenen sogar das Tragen von Masken im Polizeirevier.

Die Bilanz nach etwas mehr als einem Jahr Leben mit dem Coronavirus: Es gibt mehr Covid-Erkrankungen und Covid-Tote in Bundestaaten mit sehr lockeren Regeln wie Texas oder Florida. Wirklich signifikant ist der Unterschied zu den Bundesstaaten mit strikten Regeln aber nicht.

Noch etwas: Eine Pandemie, könnte man annehmen, sollte der große Gleichmacher sein und alle Gesellschaftsschichten, ob arm oder reich, schwarz oder weiß oder hispanic, in gleichem Ausmaß treffen. Das ist nicht der Fall. In der Stadt New York war während der ersten Covid-Welle die Zahl der Todesfälle in armen Gegenden der Stadtteile Queens, Brooklyn oder Bronx fünf- bis sechsmal so hoch wie an der viel dichter besiedelten Upper East Side in Manhattan, wo wohlhabende New Yorker zu Hause sind. Die Gefahr, an Covid-19 zu sterben, ist für Schwarze und Latinos zwei- bis dreimal höher als für Weiße, schätzt die Gesundheitsbehörde CDC (Centers for Disease Control and Prevention). Minderheiten wie Schwarze oder Latinos haben weniger Zugang zu medizinischer Versorgung, haben öfter Vorerkrankungen wie Diabetes oder Bluthochdruck, arbeiten seltener in Berufen, in denen Homeoffice möglich ist, und leben oft in Großfamilien auf engem Raum zusammen.

Die Pandemie hat nicht nur gezeigt, wie sehr die amerikanische Gesellschaft gespalten ist, sie hat diese Spaltung noch vertieft.

Grenzen dicht

Peter Fritz

Dimitris Bistinas ist Offizier bei den griechischen Grenz-
wachtruppen. Die Nasen-Mund-Schutzmaske hat er vor-
schriftgemäß angelegt, auch wenn er seine Tätigkeit weit
weg von allen anderen versieht. Er steht als Einziger oben auf
dem offenen Kabinendach eines übergroßen, dunkelblau
lackierten Radpanzers. Viel wichtiger als die Maske ist in
diesem Moment für ihn die Schutzausrüstung, die er in
seinen Ohren trägt. Die orangen Gehörschutzpfropfen aus
Schaumstoff schützen ihn vor dem, was Dimitris Bistinas
nun zur Ausführung bringt: Es ist eine sehr laute Angelegen-
heit, mit der er es nun als Mann des Polizei-Bedienungs-
personals zu tun bekommt. Er schwenkt auf einem dreh-
und neigbaren Stativ eine Vorrichtung, die ungefähr die
Größe eines altmodischen Fernsehgeräts hat. Dimitris Bistinas kann das Gerät so einstellen, dass es zielgenau einen
Winkel von 15 Grad bestreicht, mit einer Reichweite von
gut einem Kilometer vom Standort seines Fahrzeugs aus.
Es ist eine Art Waffe, die er jetzt in die Gegend richtet, zunächst nur probeweise. Diese Waffe stößt keine Projekti-
le aus, sondern bewirkt Erschütterungen der Luft. Es sind
Schallwellen, die eine Intensität erreichen können, wie sie
auf jemanden einwirkt, der direkt neben dem Triebwerk eines startenden Flugzeugs steht. Eine durchdringende Ton-
folge, einer Alarmsirene ähnlich, wirkt als Schallgewitter
auf jeden ein, der in den Reichweitenkegel der griechischen
Schallkanone kommt. Wo das Gerät hinzielen soll, ist kein
Geheimnis. Nach „drüben", auf den letzten Streifen türkischen Gebiets an der Grenze, die Griechenland und die Türkei in diesen Tagen noch stärker trennt als zuvor.

Bisher wurden die Schallkanonen vor allem auf Flughäfen eingesetzt, um Vogelschwärme, die Flugzeugen gefährlich nahe kommen könnten, zu verscheuchen. Aber hier an der Grenze ist das Verscheuchen von Menschen angesagt. „Wir wollen verhindern, dass Menschen illegal die Grenze überschreiten", heißt es trocken vonseiten der griechischen Grenztruppen. Die Schallkanone ist nur ein Baustein in der neuen Hightech-Grenzrealität, in der hochauflösende Überwachungskameras, leuchtstarke Scheinwerfer und natürlich auch hohe Zäune aus Metall einander ergänzende Rollen spielen. In mindestens einem Fall wurde auch schon scharf geschossen an dieser Grenze. Von zwei bis drei Toten in der Folge gehen internationale Rechercheure aus. Griechenland bestreitet jede Verantwortung dafür. Aber zur Verantwortung dafür, die Grenze hier so unpassierbar wie möglich zu machen, zu der bekennt sich Griechenland durchaus. Denn die Botschaft, dass das Europa der EU an dieser Stelle nicht oder jedenfalls nur äußerst schwer zu erreichen ist, die soll um die Welt gehen. Auch deshalb hat Griechenland die neue Schallkanone selbstbewusst und medienwirksam präsentiert.

Nicht willkommen

Die griechisch-türkische Landgrenze ist nur eine von vielen Stellen, an denen offenbar wird, wie sehr sich Europa moralisch verbiegt, wenn Anspruch und Wirklichkeit stark auseinanderklaffen. Alle Staaten der EU bekennen sich grundsätzlich dazu, politisch Verfolgten Asylrecht zu gewähren. Aber sie haben sich auch alle schon vor Jahrzehnten darauf verständigt, dass man um dieses Recht nur dann ansuchen kann, wenn man sich schon innerhalb der EU befindet. Die Zeiten, in denen man hoffen konnte, in der Botschaft eines europäischen Landes irgendwo außerhalb der EU einen

Asylantrag stellen zu können und dann in diesem Land Aufnahme zu finden, sind lange vorbei. Und das heißt wiederum: Wer um Asyl bittet, was nur innerhalb der EU geht, hat so gut wie immer zuvor eine Straftat begangen, ist illegal über eine Grenze gegangen oder hat ein befristetes Visum für den Aufenthalt überzogen. Und wen sie als politisch verfolgt betrachten, das legen die einzelnen Staaten dann auch noch nach ganz unterschiedlichen Kriterien fest.

Aber wer es einmal in die EU geschafft hat, wird oft auch bleiben können. Es gibt Möglichkeiten zum Untertauchen oder sich eine Existenz in der Schattenwirtschaft aufzubauen und es gibt die Chance auf einen positiven Asylbescheid.

Doch der unauflösliche Widerspruch bleibt bestehen. Wer einmal in der EU ist, bekommt eine Chance. Wer draußen ist, bei dem wird keinerlei Versuch unternommen, zu überprüfen, ob er verfolgt wird oder nicht. Da werden einfach unterschiedslos alle abgehalten, die an die Grenzen drängen. Und nicht nur das: Ziemlich oft wird jetzt auch schon, etwa in Griechenland, zum Mittel des „pushbacks" gegriffen, des Zurückschiebens von Menschen, die schon im Lande sind – oder jedenfalls schon in den Gewässern eines Landes. Nur ungern lässt sich Griechenland dabei beobachten, wie es mit Menschen umgeht, die übers Meer in seine Gewässer dringen. Es gibt Berichte von Menschenrechtsorganisationen, die an staatlich organisierte Piraterie denken lassen, wenn es um die Abwehr von Unwillkommenen geht. Spezialkommandos, die Schiffe stürmen, Boote, die in Richtung Türkei zurückgeschleppt werden, sogar das Aussetzen von Hilflosen in aufblasbaren Schwimmkörpern, all das wird eingesetzt, um eine Botschaft der Härte zu senden.

Zugleich ist es eine Botschaft der Gleichgültigkeit, denn sie stellt auch das mangelnde Interesse Griechenlands und der Türkei unter Beweis, sich an Abmachungen zu halten.

Eine Prozedur, die dazu führen könnte, dass viel weniger Menschen überhaupt daran denken, die riskante Bootsreise über das Meer anzutreten, ist längst vereinbart. Aber sie hat nie in vollem Umfang funktioniert.

Der Merkel-Plan von Gerald Knaus

Kaum einer weiß so viel über Glanz und Elend politischer Vereinbarungen zum Thema Migration wie Gerald Knaus. Bei meiner ersten Begegnung mit ihm in Brüssel musste ich an ein hyperaktives Kind denken – so sehr sprühte er damals vor Ideen, war begeisterungsfähig und schleuderte mit Fakten und Zahlen um sich, die er sich müheloser als andere anzueignen verstand. Er entwickelte vor einer dort versammelten Journalistenrunde ein Gedankengebäude, von dem ich mir damals ziemlich sicher war, dass es in dieser Art niemals den Boden der Realität erreichen würde können. Aber im Gegensatz zu einem hyperaktiven Kind hat Gerald Knaus auch die Fähigkeit erworben, hartnäckig an einem Thema dranzubleiben. Nicht nur vor der schreibenden Zunft, auch in Staatskanzleien und wissenschaftlichen Foren blieb er wie ein Wanderprediger seinen grundsätzlichen Thesen treu. Europa werde an bestimmten Stellen Härte zeigen müssen. Es werde aber an anderen Stellen dafür viel Flexibilität brauchen, wenn es um den Umgang mit Einwanderern geht, und es habe wenig Sinn, bei diesem Thema immer nur auf die Unwillkommenen zu schauen.

Begonnen hat Gerald Knaus als Mann der Theorie, mit Studien der Philosophie und der internationalen Politik in Oxford, Brüssel und Bologna. Aber dann ist er in der rauen Praxis politischer Vermittlungsbemühungen gelandet, im Büro des internationalen Bosnien-Beauftragten in Sarajewo, wo nun schon seit vielen Jahren ein immer noch wackliger

Waffenstillstand auf dem Balkan administriert wird. Die Folgen von Flucht und Vertreibung hat Gerald Knaus dort sehr intensiv kennengelernt. Er rief eine Denkergruppe namens „European Stability Initiative" ins Leben, widmete zunächst den Balkanstaaten und später der Türkei große Aufmerksamkeit und besann sich in der Folge immer intensiver auf das Thema Migration, das ihn in den letzten Jahren nicht mehr losgelassen hat.

In der Hilflosigkeit, die gegen Ende des Jahres 2015 Europas politische Entscheidungsträger befallen hatte, sah er seine Chance. Es war die Zeit, in der vor allem Deutschland, Schweden und zunächst auch Österreich auf einen noch nie dagewesenen Zustrom von Asylsuchenden mit großer Aufnahmebereitschaft reagierten, in der sich aber auch schon abzeichnete, dass es nicht in dieser Form weitergehen konnte. Die Aufnahmebereitschaft erreichte Grenzen, politische Bewegungen, die nach einem Stopp der Zuwanderung riefen, bekamen Aufwind, und Machthaber wie Viktor Orbán in Ungarn begannen, sich für ihren Kurs der Härte feiern zu lassen.

Gerald Knaus legte ein erstes Thesenpapier vor. Ein zweites, das bald darauf folgte, versah er listigerweise mit dem Namen „Der Merkel-Plan". Einen umfassenden Plan, wie mit der Krise umzugehen sei, hatten viele bei der deutschen Bundeskanzlerin Angela Merkel vermisst. Gerald Knaus legte ihn ihr sozusagen in den Mund, auch wenn klar war, dass es nur eines von vielen Problemen sein würde, Angela Merkel zum Mitmachen bei diesem Plan zu überreden.

Um diesen Plan Wirklichkeit werden zu lassen, das war von Anfang an klar, müssten sich Staaten und deren politische Akteure quasi im Gleichklang bewegen. Es müssten Räder ineinandergreifen, die sonst immer gegenläufig rotiert hatten. Konkret hatte der Plan drei Ziele: Griechenland müsste seine Asylverfahren beschleunigen, mit dem Ziel,

abgewiesene Asylwerber von den griechischen Inseln möglichst schnell wieder zurückzuschicken, in die Türkei, die sie
dort zu übernehmen und ordentlich zu behandeln hätte. Die
Türkei würde dafür massive Hilfszahlungen aus EU-Töpfen
bekommen, und sie würde das Recht bekommen, für jeden,
der aus Griechenland abgeschoben wurde, jemand anderen,
vorzugsweise aus Syrien, in die EU zu schicken, ganz legal
per Flugzeug, ohne lebensgefährliche Unternehmungen zur
Überwindung von Grenzen. Und die EU würde sich ihrerseits verpflichten, türkischen Staatsbürgern entgegenzu-
kommen, wenn es darum ging, in Zukunft ohne Visum in
die EU einreisen zu können.

Gerald Knaus startete ein engagiertes Lobbying für seinen Plan, und er fand Unterstützer, zunächst vor allem in
Deutschland und den Niederlanden, später auch in der Türkei. Und es wurde tatsächlich ein „Merkel-Plan" aus dem
Konzept, denn Deutschlands Bundeskanzlerin Angela Merkel und der niederländische Premier Mark Rutte sorgten dafür, dass die Vereinbarung auf einem EU-Gipfel landete und
im März 2016 zu einem Beschluss führte, der in seinen wesentlichen Zügen die Handschrift von Gerald Knaus trug.

Ohne guten Willen geht es nicht

Ein erster Effekt stellte sich rasch ein. Der Andrang von Menschen, die in Booten von der Türkei aus versuchten, die griechischen Inseln zu erreichen, ließ unmittelbar nach dem
Beschluss stark nach. Und die EU-Kommission, damals
noch mit dem Österreicher Johannes Hahn als dem für die
EU-Nachbarschaft verantwortlichen Kommissar, stellte um-
gehend die Spielregeln für die milliardenschwere Unterstützung auf, die in Richtung Türkei gehen sollte. Kein Geld
direkt an türkische Regierungsstellen, sondern möglichst

viel Geld direkt an die Flüchtlinge in der Türkei und an die, die für sie sorgten, lautete die Devise. Es wurden spezielle Geldkarten entwickelt, mit denen die Betreuten selbst an ihre Leistungen kommen konnten, ohne die Gefahr, dass auf dem Weg über obrigkeitliche Kanäle etwas davon versickert. Dieser Teil der Abmachung hält bis heute. Aber das System der international ineinandergreifenden Räder geriet bald ins Quietschen. Griechenland baute nie ein System auf, das es erlaubt hätte, auf seinen Inseln korrekte Asylverfahren in großem Stil abzuwickeln. Daher kam auch ein wichtiger Grundgedanke der Vereinbarung nie so richtig in Gang: Es wurden nur ganz wenige Menschen aus Griechenland in die Türkei zurückgestellt. Griechenland setzte stattdessen auf einen Abschreckungseffekt, ließ in den Lagern auf seinen Inseln viele Menschen jahrelang perspektivenlos und ohne Asylverfahren im Elend dahindämmern. Und auch die weiteren Elemente des Deals von 2016 kamen in der Folge nur sehr schleppend voran. Die direkte Übernahme von syrischen Asylsuchenden aus türkischen Lagern in die Staaten der EU blieb weit unter dem Potenzial, das man ihr zugedacht hatte, und die Frage, ob türkische Staatsbürger mit Reiseerleichterungen in die EU rechnen können, rutschte auf eine sehr lange Bank und wurde dort nur langsam weitergeschoben. Dies auch deshalb, weil die Türkei nach Putsch-Turbulenzen ihre autoritäre Linie verstärkt und damit noch mehr Misstrauen in der EU geerntet hatte.

Der asylpolitische Karren ist also wieder einmal verfahren, und Gerald Knaus muss damit leben, dass sein großer Plan nur in einem kleinen Teilbereich so richtig funktioniert hat. Er lässt sich nicht entmutigen. Er hat auf regionaler Ebene im deutschen Bundesland Baden-Württemberg noch einmal versucht, so etwas wie den großen Deal von damals in kleinerem Maßstab nachzuspielen. Er setzt bei jungen Menschen an, die aus dem afrikanischen Land Gambia dorthin gekommen sind, nach äußerst abenteuerlichen und gefährlichen Reisen durch die Sahara und übers Meer. Auch hier soll Strenge auf der einen Seite mit Flexibilität auf der anderen Seite ergänzt werden. Für jeden, der in Deutschland kein Asyl bekommt und nach Gambia zurückgeschickt wird, soll ein anderer Gambier legale Aufnahme in Deutschland finden, zum Studium oder zur Berufsausbildung.

Auch diese Abmachung wird nur so gut sein, wie der gute Wille auf allen Seiten reicht. Aber Gerald Knaus will, dass zumindest ein Grundgedanke weiterlebt. Nämlich der, dass man mit Migration nicht so umgehen sollte, als wären da ausschließlich Naturgewalten im Spiel – so wie Wellen, gegen die man sich zu schützen hätte. Sondern dass selbst das im Einzelfall so chaotische Geschehen rund um Auswanderung, Flucht und Vertreibung mit kühlem Kopf und einem durchdachten Management-Konzept in einigermaßen geregelte Bahnen zu lenken sei.

Der New Deal für das Klima

Hannelore Veit

25.000 Touristen kommen jedes Jahr im März in den kleinen Ort Sweetwater im Nordwesten von Texas. Sweetwater ist eine typische Kleinstadt im Hinterland. Das Stadtzentrum: eine Straßenkreuzung mit einer Bank, einem Autohändler, einer Tankstelle und unweit davon in einer Seitenstraße das Gerichtsgebäude und das örtliche Polizeirevier. Ganze drei Verkehrsampeln zähle ich in der Stadt, mehr gibt es hier nicht. Sweetwater ist bekannt für die vielen Klapperschlangen in der Umgebung. Seit mehr als 60 Jahren findet hier das weltweit größte „Klapperschlangen-Roundup" statt, ein Volksfest für Einheimische und Touristen. Kurz nach dem Winter sind die Schlangen träge und leicht zu fangen – sie werden gesammelt und gemolken, ihr Gift wird zur Produktion von Gegengift verwendet. Gebackene Klapperschlangen sollen angeblich auch munden.

Klapperschlangen sind aber nicht die einzige Attraktion dieser Kleinstadt. Sweetwater mitten im Ölstaat Texas hat sich der Windenergie verschrieben. Der Ex-Bürgermeister der Stadt, Greg Wortham, ist mein Interviewpartner und einer der Proponenten der Windindustrie. In guter texanischer Gastfreundschaftstradition lädt er mich zuallererst in sein Lieblingslokal zum texanischen Barbecue. Dann führt er mich und meinen Kameramann Markus zu einer der vielen Windfarmen auf die Mesa, die Hochebene im Süden der Stadt. „Passen Sie auf Klapperschlangen auf", sagt er, als wir unser Equipment für das Fernsehinterview aufbauen, „sie sind harmlos, solange Sie sie nicht erschrecken, sie sind nur gefährlich, wenn sie sich bedroht fühlen." Den Schlangenhaken hat er auf der Ladefläche seines Pickups immer dabei.

Ich vermute, es ist mehr Show als Notwendigkeit. Greg Wortham weiß Folklore richtig einzusetzen, Cowboystiefel und Schlangenhaken machen sich im Fernsehen eben gut. Und Interviews gibt Greg Wortham viele. Er ist der inoffizielle Sprecher der Windinitiative in Texas.

Vor 20 Jahren wurden die ersten Turbinen in Sweetwater errichtet. Windig ist es auf den flachen Mesas rund um die Stadt fast immer. Ölpumpen gehören zum Landschaftsbild, Sweetwater liegt schließlich am Rande des Permbeckens, einer der ölreichsten Regionen der Welt, doch Wind wird für die Stadt immer wichtiger. „Die Menschen hier steigen nicht ins Windgeschäft ein, weil sie so umweltbewusst sind", erklärt Greg, „aber wenn du ihnen sagst, mit Windenergie kannst du ein gutes Geschäft machen, dann sind sie dabei." Texaner eben. Texas ist heute der größte Produzent von Windkraft in den Vereinigten Staaten.

Was der Wind für West-Texas ist, ist die Sonne für Südkalifornien. Mit mehr als 300 Sonnentagen im Jahr ist die Stadt Lancaster in der Mojave-Wüste nordöstlich von Los Angeles prädestiniert für die Gewinnung von Solarenergie. Auf den ersten Blick sieht Lancaster aus wie jede kalifornische Kleinstadt, auf den zweiten Blick entdeckt man das Besondere: Solarpaneele überall, auf den Dächern der Parkgaragen, auf Spitälern, auf Altersheimen. Riesige Solarfelder liegen rund um Lancaster, keine andere Stadt der Vereinigten Staaten produziert mehr Sonnenenergie als diese Kleinstadt. Bürgermeister Rex Parris nennt Lancaster großspurig die „Solarhauptstadt des Universums". Große Teile der Metropole Los Angeles könnte Lancaster versorgen, erzählt man mir in der Stadtverwaltung, es fehlt aber noch an der Infrastruktur, die die Energie auch dorthin liefert, wo sie gebraucht wird.

Florida geht unter

Die USA sind der größte Energieverbraucher – und Energie-verschwender – der Welt. Erneuerbare Energie ist ein gro-ßes Thema. Wieder, muss man sagen: In den Trump-Jahren war Klimaschutz fast ein Schimpfwort. „Climate change is a hoax", „der Klimawandel – alles Schwindel", hat Donald Trump erklärt, Umweltgesetze hat er außer Kraft gesetzt. Als er im Mai 2017 den Ausstieg aus dem Pariser Klimaabkom-men ankündigt, sitze ich rein zufällig bei einer Veranstal-tung mit Marc Pacheco, dem demokratischen Senator des Bundesstaates Massachusetts, an einem Tisch. Er ist empört und sofort zu einem Interview bereit: Trump könne machen, was er wolle, Massachusetts sei und bleibe ein Vorreiter beim Klimaschutz, sagt er, die Ziele von Paris habe dieser Bundes-staat schon bisher übererfüllt und werde sich weiter an das Abkommen halten. Massachusetts gehört zu den traditionell klimabewussten Bundesstaaten und zu den Vorreitern im Kampf gegen den Klimawandel.

In anderen Bundesstaaten wächst das Bewusstsein erst langsam und oft nur, weil die Folgen des Klimawandels un-übersehbar sind. In Florida erodiert der steigende Meeres-spiegel die Küsten. Jedes Jahr sind dort im Frühjahr Soldaten des Army Corps of Engineers, des Ingenieurcorps der US-Armee, im Einsatz. Jedes Jahr müssen mehrere Kilometer Strand neu aufgeschüttet werden. Ein paar Monate nur kön-nen die Soldaten arbeiten, zwischen dem Ende der Hurri-cane-Saison und der Brutzeit der Meeresschildkröten. Bis vor ein paar Jahren wurde der Sand aus dem Meer gebaggert, doch diese Quelle ist erschöpft, er muss jetzt aus Sandgruben im Landesinneren gewonnen werden. Künstliche Seen wer-den angelegt, der Sand muss gebaggert, gesiebt und gewa-schen werden, bis er Strandqualität hat. In Lastwagen wird er dann an die Küste gekarrt. Nur so können Strände erhalten werden, kann Florida das Touristenziel Nummer Eins der Vereinigten Staaten bleiben.

Die Frage ist: Wie lange noch? Am Umweltinstitut der Florida Atlantic University in Boca Raton, eine Autostunde nördlich von Miami, erforschen Wissenschaftler die Folgen des Klimawandels für Florida. Sie sind pessimistisch: „In hundert Jahren werden die Florida Keys kleine Inselchen sein", sagt Leonard Berry, der Leiter des Instituts. „Sie werden für Menschen unbewohnbar sein, gefährdete Tier- und Pflanzenarten müssen umgesiedelt werden." Key West als Touristenattraktion wird es nicht mehr geben. Hurricanes werden in Florida immer häufiger, die Südspitze Floridas hat immer öfter mit Überflutungen zu kämpfen. Häuser, die entlang der Küsten und Kanäle gebaut sind, sind gefährdet. „Kommen Sie im Oktober wieder vorbei, ich kann Ihnen jetzt schon genau sagen, welche Teile Miamis dann unter Wasser stehen werden, es ist jedes Jahr dasselbe", sagt Leonard Berry. Ist der Trend umkehrbar? Zum Teil, sagen die Wissenschaftler der Florida Atlantic University, aber Florida wird Milliarden investieren müssen.

Nicht nur Florida wird investieren müssen, die USA müssen umdenken, und der neue Präsident tut das. Er hat Klimaschutz zu einer seiner Prioritäten erklärt, hat John Kerry, den früheren Außenminister, zum Klimaschutzbeauftragten im Weißen Haus gemacht und hat ambitionierte Pläne vorgelegt.

Joe Bidens Klima-Pläne

Mitten in Manhattan, im trendigen Stadtteil NoHo – der Name steht für das Viertel North of Houston Street –, wohnt der Österreicher Gernot Wagner. Jung, sportlich und begeisterungsfähig ist er. Begeisterungsfähig und optimistisch muss er wohl auch sein als Klimaökonom. Gernot Wagner forscht und lehrt an der nahegelegenen NYU, der New York University. Mit Frau und zwei Kindern wohnt er auf 70 Quadratmetern in der Bleecker Street, das reicht, meint er – abends wird die Straße für den Verkehr gesperrt, das hat Gernot Wagner gemeinsam mit anderen Anrainern durchgesetzt. „In mein Büro brauche ich genau 90 Sekunden", sagt er mit unüberhörbarem amerikanischem Akzent nach seinen vielen Jahren in den USA. 60 Sekunden sind es zum morgendlichen Training im Boxstudio. Vom traditionellen amerikanischen Traum, dem Eigenheim in der grünen Vorstadt, hält er gar nichts. Ein Auslaufmodell ist das für ihn. Leben in dicht besiedelten Städten sieht er als die ideale, sprich klimabewusste Zukunft: Wohnung und Arbeitsplatz in Gehweite oder mit dem Fahrrad erreichbar, kein Pendeln aus den Vorstädten. Gernot Wagner hat ein Buch darüber geschrieben, „Stadt, Land, Klima" – und hält es während unseres Zoom-Gesprächs in die Kamera. Zum Weiterempfehlen, grinst er.

Was er als Klimaökonom von den Öko-Plänen der Biden-Regierung hält, will ich von ihm wissen. Die Antwort überrascht mich einigermaßen: „Besser geht's nicht", sagt Gernot Wagner fast euphorisch, „die EU hat sich verpflichtet, bis 2050 klimaneutral zu sein. Joe Biden hat sein Amt mit dem Versprechen angetreten, den Energiesektor bis 2035 zu entkarbonisieren. Schneller kann es wirklich nicht gehen."

Die EU-Kommission hat den „Europäischen Green Deal" im Dezember 2019 vorgelegt. Er ist ambitioniert, auch wenn nicht alle 27 Mitgliedsstaaten dahinterstehen und Polen ausschert. Deutschland, andererseits, will die Dekarbonisierung schon bis 2045 erreichen. Auf 24 Seiten legt die Kommission in einem Maßnahmenkatalog dar, wie die Treibhausgas-Emissionen bis 2050 neutralisiert werden sollen. Besseres

Recycling und eine abfallreduzierte Wirtschaft werden gefordert, das Fällen von Wäldern soll gestoppt, die Landwirt-
schaft ökofreundlicher werden. Die Mitgliedsstaaten müssen
sich verpflichten, ihre Emissionen bis 2030 um mindestens
40 Prozent gegenüber 1990 zu senken. Enorme Investitionen werden notwendig sein, um die angepeilten Ziele auch
zu erreichen. Von geschätzten 260 Milliarden Euro pro Jahr
spricht die Kommission.

Auch Joe Bidens Pläne sind teuer. Er hat sich, für amerikanische Verhältnisse, mit seinen Öko-Plänen weit vor-
gewagt. Inspiriert, oder besser gesagt angetrieben, wurde
er dabei von der jungen Generation und dem linken Flügel
der Demokratischen Partei, angeführt von der New Yorker
Abgeordneten Alexandria Ocasio-Cortez. Der moderate Joe
Biden hat zugehört und einige Ideen des Green New Deal,
wie die Progressiven ihre Forderungen nennen, in seinen
„American Jobs Plan" einfließen lassen, sein fast zwei Billi-
onen Dollar schweres Infrastrukturpaket. Im Kern ist dieses
Paket ein Plan gegen den Klimawandel, die Umstellung auf
erneuerbare Energien und auf E-Autos gehört genauso dazu
wie Forschung zu neuen Technologien. „Da steht verdammt
viel über Klima drin", sagt Gernot Wagner. „Wenn die Ideen
im Infrastrukturpaket drinnen bleiben, wäre es das ambiti-
onierteste Klimagesetz jemals, ich wage zu sagen, weltweit.
Außer der chinesischen Ein-Kind-Politik in den 1970er-Jah-
ren hat es nie eine Politik gegeben, die mehr Unterschied gemacht hätte als dieses eine Gesetz."

Ambitioniert sind beide Pläne, der Plan der EU und der
Plan der Amerikaner. Aber sind sie realistisch, sind sie mehr
als leere Worte? Was den Klimaschutz betrifft, wurde in den
letzten Jahren und Jahrzehnten schon sehr viel zu Papier gebracht. Papier ist geduldig. Abwarten, heißt es jetzt einmal,
auf beiden Seiten, diesseits und jenseits des Atlantiks.

Noch ist Joe Bidens Infrastrukturpaket nicht vom Kongress verabschiedet, der Präsident wird Abstriche machen müssen. Biden braucht für sein Vorhaben, wie für die meisten großen Gesetzesvorhaben, eine Mehrheit von 60 Stimmen im Senat, das heißt, er muss die Zustimmung von mindestens zehn republikanischen Senatoren erhalten. In dem gespaltenen politischen Klima, das zurzeit herrscht, kein leichtes Unterfangen. Biden kann nicht einmal sicher sein, dass alle demokratischen Senatoren mitstimmen. Von Kohle leben ganze Täler und Regionen in West Virginia. Es ist schwer vorstellbar, dass etwa Joe Manchin, der demokratische Senator dieses Bundesstaates, die Schließung von Kohlekraftwerken befürwortet. Es geht da um eine vergleichsweise kleine Gruppe von Wählern, aber eine mit einer starken Lobby. 60.000 Kohlearbeiter gibt es in den Vereinigten Staaten, mehr als viermal so viele Amerikaner arbeiten in der Solarindustrie. Aber fossile Energie ist ein heißes Thema, Kohle ist zum Symbol geworden. Schon Donald Trump hatte sich einen Helm aufgesetzt und Kohlearbeiter ins Weiße Haus geholt, um seine Unterstützung für fossile Energie zu signalisieren.

Einige Schritte in Richtung erneuerbare Energie hat Joe Biden schon im Alleingang, ohne den Kongress, gesetzt: Windfarmen vor der Küste Kaliforniens und vor der Promi-Urlaubsinsel Martha's Vineyard im Atlantik hat Joe Biden im Frühjahr 2021 genehmigt – gegen den starken Widerstand von Fischern und Anrainern –, es sollen die ersten kommerziellen Offshore-Windparks werden. Begleitet wurde die Ankündigung von hämischen Kommentaren seines Vorgängers: „Gratulation an Martha's Vineyard", ließ Donald Trump verlauten, „die Insel wird nie wieder dieselbe sein."

Amerika, das Land der Paradoxe

Kalifornien hat den Ruf eines Vorreiters in Umweltschutz-fragen. Für jene, die schon einmal Stunden im Stau auf der berüchtigten I-405 gestanden sind, dem Highway, der Los Angeles von Norden nach Süden durchzieht, passt die Kombination von täglichem Verkehrschaos und Klimabewusst-sein nicht ganz zusammen. „Es ist paradox", sagt auch Gernot Wagner. „Dank des Austroamerikaners mit den vielen Steroiden hat Kalifornien tatsächlich ein Emissionshandels-gesetz, das in vielerlei Hinsicht ambitioniert ist. Andererseits wohnt jeder in einem Einfamilienhaus. Alle Incentives laufen darauf hinaus, dass das Haus noch größer und schöner wird, die Bank, der Autoproduzent, der Scheidungsanwalt, alle sind daran interessiert. In Kalifornien kann man den amerikanischen Traum ungezügelt ausleben. Warum hat Kalifornien einen so guten Ruf? Weil dort viele Umwelt-schützer leben und viel Gutes in Sachen CO_2 gemacht wurde. Schwarzenegger unterschreibt als Gouverneur das Emissi-onshandelsgesetz, dann schickt er seine Hummer im Privat-jet nach Österreich, um sie auf Wasserstoffantrieb umrüsten zu lassen. Einerseits toll, andererseits na ja ..."

Aber träumen darf man in diesem Land. In New York City haben sich Umweltgruppen zusammengeschlossen und die Initiative NYC 25x25 gegründet. 25 Prozent der Straßen sollen bis 2025 Fahrradfahrern und Fußgängern gehören. Alle Durchzugsstraßen sollen eine Fahrradspur erhalten, ein-spurige Straßen sollen für den Autoverkehr gesperrt und für die Menschen „geöffnet" werden, wie die Proponenten sagen. Corona hat's gezeigt, es geht auch ohne Verkehr, argumen-tieren sie. Bürgermeisterwahlen stehen im November 2021 bevor, alle demokratischen Kandidaten – der jetzige Bürger-meister Bill de Blasio darf nach zwei Amtszeiten nicht mehr antreten – unterstützen zumindest teilweise die Kampagne. Dass ein Demokrat im November die Bürgermeisterwahl gewinnt, steht in dieser Stadt außer Zweifel. Gernot Wagner ist optimistisch: „In einer vierjährigen Legislaturperiode kann ich mir schon vorstellen, dass ein Viertel der Straßen für Fußgänger und Radfahrer reserviert wird. Es wäre eine radikale Transformation der Stadt." Eine Transformation ganz im Sinn der Klimaschützer.

Star Wars

Peter Fritz

Die Republik Siva ist in einen Konflikt verwickelt, der rasch eskaliert. Die Konföderation Piros ist ein zu allem entschlossener Gegner. Und dieser Gegner rückt nun bedrohlich auf eines der wichtigsten Elemente moderner Infrastruktur vor. Piros ist nämlich zu einer Konfrontation im Weltraum entschlossen, mit einer Attacke auf einen wichtigen Satelliten, den die Republik Siva dort in einer Erdumlaufbahn hält.

Die beiden verfeindeten Länder haben Codenamen, wie das bei militärischen Manövern nun einmal der Brauch ist. Aber zumindest bei der Republik Siva ist der Fall eindeutig, denn das Kontrollzentrum dieser Macht befindet sich in Frankreich, in der Nähe von Toulouse. Präsident Emmanuel Macron ist persönlich vorbeigekommen und schaut aufmerksam zu, wie sich auf den simulierten Bildschirmszenarien im großen Kontrollraum der feindliche Satellit aus dem Lande Piros dem eigenen in bedrohlicher Weise nähert. Rund 60 Soldatinnen und Soldaten des französischen Weltraumkommandos wenden die Augen jetzt keine Sekunde mehr von den Monitoren ab. Denn es ist bekannt, dass der feindliche Piros-Satellit einen Greifarm besitzt, mit dem er die Siva-Raumsonde einfangen könnte. Sie wäre dann unbrauchbar und könnte noch dazu später in Ruhe auseinandergenommen und auf ihr geheimstes Inneres hin studiert werden. Und noch etwas: Der gegnerische Satellit hat zuvor schon kleine Nano-Satelliten von der Größe eines Ziegelsteins ausgesetzt, die jetzt mitten in die Flugbahn des Siva-Trabanten geraten, auf zerstörerischem Kollisionskurs.

In Windeseile wird im französischen Kontrollzentrum das Ausweichmanöver durchkalkuliert. Der eigene Satellit zündet seine Lenkraketen, er schwenkt auf einen anderen Kurs rund um die Erde ein, die Attacke aus Piros kann ihm nichts mehr anhaben. Und für die Aufgaben, die der Siva-Satellit ursprünglich hatte, ist ein in der Nähe befindlicher Satellit der US-Streitkräfte eingesprungen. Denn das französische Kontrollzentrum ist auch für dieses Manöver mit den USA, Deutschland und Italien vernetzt, wo ebenfalls die Vorbereitungen für künftige Konfliktszenarien im Weltraum laufen.

Wo man sich in der echten Welt am ehesten den Sitz der gegnerischen Streitkräfte aus der Piros-Konföderation vorstellt, das ist kein allzu großes Geheimnis. Moskau und Peking gelten als die Hauptstädte, deren Pläne für das Aufrüsten im Weltraum früher oder später mit denen des Westens in Konflikt geraten dürften. Das ist nicht einmal ein Szenario für die ferne Zukunft. Es ist zum Teil sogar schon jüngste Vergangenheit. Im Jahr 2017, so berichtet das französische Militär, habe sich ein russischer Spionagesatellit einem französischen Militärsatelliten verdächtig stark angenähert, und seither habe es noch einige weitere Vorfälle gegeben, von denen die Offiziere keine Details preisgeben dürfen.

Und selbstverständlich wird betont, das eigene Vorgehen verfolge ausschließlich defensive Ziele. Ja, auch Frankreich wird seine Militärsatelliten in Zukunft mit Laserwaffen ausrüsten. Aber die würden ja sicher nur dem Zweck dienen, die eigenen Satelliten und die der Verbündeten zu schützen. Und die Apparaturen, mit denen Funksignale gezielt so gestört werden können, dass sie die Satelliten des Gegners blind und unerreichbar machen? Na klar, reine Verteidigungsmaßnahmen, aufgezwungen von mächtig aufrüstenden Rivalen.

Der Präsident nimmt sehr zufrieden zur Kenntnis, was sich unter seinen Augen im französischen Star-Wars-Zentrum so abspielt. Emmanuel Macron hat von Beginn seiner Amtszeit an darauf gedrängt, dass Frankreich auch bei militärischen Zukunftstechnologien ganz vorne mitspielt. Die französischen Luftstreitkräfte nennen sich jetzt stolz „Armee der Luft und des Weltraums". Und nach seinem Besuch beim Weltraumkommando macht Macron dann auch noch beim nahegelegenen Ausbildungszentrum der Fremdenlegion halt und verleiht dort fünf Legionären aus aller Welt die französische Staatsbürgerschaft. Beides passt ins Bild. Frankreich will seine Militärmacht als Kraft präsentieren, die in alle Welt ausstrahlt, und jetzt auch bis weit in den Weltraum hinein.

Ferngesteuerte Kriege

In den gar nicht mehr so unendlich weiten Räumen, in denen menschengemachte Technikprodukte um die Erde kreisen, wird es immer enger. In jüngster Zeit haben auch militärische Aktivitäten dazu beigetragen, dass in den Schichten jenseits der Atmosphäre neue Gefahren lauern. Im Jahr 2019 hat Indiens Armee eine Rakete vom Boden aus abgeschossen, sie 283 Kilometer hoch steigen lassen und dann an einen eigenen, ausgedienten Satelliten herandirigiert. Es gelang, den Satelliten mit einem Sprengschuss zu zerstören, Tausende Trümmer flogen unkontrolliert davon. Zwar war die Flugbahn in diesem Fall so tief, dass die meisten Stücke rasch in der Erdatmosphäre verglüht sein dürften. Aber bei künftigen Konfliktszenarien ist auch damit zu rechnen, dass immer mehr Weltraumschrott auf Bahnen gerät, auf denen er früher oder später eine Gefahr für alles bedeuten könnte, was sonst noch dort fliegt.

Nun wäre es ja durchaus möglich, all diesen Spielen ein optimistisches Szenario für künftige Konfrontationen abzugewinnen. Man verlagert Konflikte in den Weltraum, Maschinen kämpfen gegen Maschinen, während die Soldaten unbehelligt hinter ihren Bildschirmen verweilen. Und irgendwann ist der Krieg dann auch zu Ende, weil eine der beiden Seiten die Technik der anderen aus der Ferne lahmgelegt hat. Nur, so wird es sich nicht abspielen, davon ist der aus der Steiermark stammende und seit Langem in den USA ansässige Militäranalyst Franz-Stefan Gady total überzeugt.

Er hat in einem Kommentar für das Magazin „The Diplomat" festgehalten, dass es beim Krieg immer noch darum geht, Menschen zu töten und Sachen zu zerstören. Was sich in den letzten Jahren geändert hat – und das hat Franz-Stefan Gady sehr ausgiebig studiert –, ist die Art und Weise, in der das Handwerk des Tötens und Zerstörens jetzt in immer weiter entfernte Hände gelegt wird und dabei trotzdem ein viel schnelleres Tempo als je zuvor erreicht. Die Kriegführung mit Flugzeugen ohne Pilot war unter Präsident Barack Obama besonders häufig das militärische Mittel der Wahl. Von einem Kommandostand in der Nähe von Las Vegas aus, Tausende Kilometer vom Ziel entfernt, feuerten Drohnenpiloten tödliche Präzisionsmunition auf Menschen im Nahen Osten ab, die sie als Terrorverdächtige identifiziert hatten. Familienmitglieder, Freunde, Nachbarn? Man nahm deren Tod als „Kollateralschaden" in Kauf.

Nun aber geht der ferngesteuerte Krieg in seine nächste Entwicklungsstufe. Der kurze, aber heftige Krieg zwischen Armenien und Aserbeidschan um Bergkarabach im Herbst 2020 hat Beispiele geliefert, die jetzt in den militärischen Hauptquartieren der Welt sehr aufmerksam studiert werden. Denn dort wurde zum ersten Mal in großem Maßstab durchgespielt, was Drohnen alles können. Es ist erschreckend viel. Armenien hatte viele Panzer und Lastwagen aufzubieten. Aber Aserbeidschan hatte, gestärkt durch Öleinnahmen, sein Heer massiv mit Drohnen aus der Türkei und Israel ausgerüstet, darunter unbemannte Ungetüme, die lange in der Luft kreisen konnten, um sich dann zielgerichtet auf einen Panzer zu stürzen. Tod und Zerstörung erfolgten mit erschreckender Präzision, und die eingebauten Kameras lieferten dann auch gleich noch die Propagandabilder von der neuen Superwaffe so gut wie live in die ganze Welt. Der aserbeidschanische Sieg war nur eine Frage von Tagen.

Was jetzt bei Militärs und Zivilisten gleichermaßen für Aufregung sorgt, ist die neu geschaffene Möglichkeit, Kriege der Zukunft auch per Automatik zu führen. Die neuen Drohnenwaffen sind in der Lage, selbstständig ihr Ziel zu finden, etwa anhand von Funksignalen oder charakteristischen Wärmemustern von feindlichen Geräten. Es ist jetzt auch möglich, Drohnen mit einer sogenannten „Auftragstaktik" zu versehen: „Erkenne feindliche Truppen und Waffen selbstständig, vernichte sie und liefere uns die Bilder davon ins Haus!" So kann jetzt der Auftrag an eine von Menschen geschaffene Maschine lauten. Kein Mensch sitzt mehr direkt am Abzug. Maschinenintelligenz entscheidet selbstständig über Leben und Tod.

Die ersten Roboterwaffen, die zunächst für die Infanterie entwickelt worden waren, wurden von den Streitkräften äußerst zurückhaltend aufgenommen. Der Kampfroboter „Swords", ein fahrbares Maschinengewehr mit Fernsteuerung, wurde von der US-Armee im Irak erprobt. Aber „Swords" hatte immer wieder die Tendenz, auch den eigenen Leuten gefährlich zu werden, und wurde daher schon bald wieder aus dem Gefecht genommen. Anders sieht es jetzt bei den Drohnenwaffen aus. Im Gefolge des armenisch-aserbeidschanischen Krieges ist ein regelrechter Wettlauf um diese neue Waffengattung entbrannt. In Deutschland folgte aber auf das militärische Begehren auch schnell eine Debatte darüber, ob es ethisch zu verantworten sei, selbstständig agierende Todesmaschinen zu beschaffen. Deutschland entschloss sich nach längerer Debatte, seiner Bundeswehr Drohnen nur dann zu gestatten, wenn sie zur Beobachtung der Lage dienen und unbewaffnet bleiben.

Das ist eine Debatte, die Emmanuel Macron jenseits des Rheins nicht zu führen hatte. Mit einem gewissen Stolz und einem Hauch von Selbstherrlichkeit zeigte die französische Armee schon zu Beginn des Jahres 2020, was sie nun in den Sahelstaaten in Afrika gegen islamistische Kämpfer aufbietet: Drohnen vom Typ Reaper aus amerikanischer Produktion, vollbepackt mit Raketentechnik und künstlicher Intelligenz. Die deutsche Debatte um die Frage, ob Drohnen überhaupt Waffen tragen dürfen? Man würde sie in Frankreich als typische „querelle d'Allemands" abtun, als Streit unter Deutschen, die viel schärfer als die Franzosen ums Grundsätzliche zu ringen pflegen.

WIE WEITER?

Unter der Adresse Hinterholz 6 können Sie in der Marktgemeinde Kirchstetten im niederösterreichischen Mostviertel das Sommerhaus besuchen, in dem der britisch-amerikanische Dichter Wystan Hugh Auden lange gelebt und gewirkt hat. Auf dem Friedhof der Gemeinde befindet sich seine Grabstätte. Ein langes Gedicht W. H. Audens, das er gegen Ende des Zweiten Weltkriegs in New York begonnen hat, ist vor allem wegen seines Titels sprichwörtlich geworden. Auden hat darin das „Age of Anxiety" ausgerufen, das Zeitalter der Ängstlichkeit.

Dieses Zeitalter könnte man vor allem durch einen Wesenszug charakterisieren: Die Menschheit ist zu dem Bewusstsein gelangt, dass es in ihrer Macht stünde, sich selbst als Ganzes auszulöschen. Im Ersten Weltkrieg gaben die Angriffe mit Giftgas einen ersten Eindruck davon, wie die massenhafte Vernichtung von Menschenleben funktionieren konnte. Im Jahr 1945 stellten dann die ersten Atomwaffen ihre Zerstörungskraft unter Beweis. Für wachsende Ängstlichkeit hat das Zeitalter, in dem wir bis heute leben, auch danach noch gute Gründe geboten: von Bedrohungen militärischer Natur bis hin zum Weltklima, das endgültig droht, aus den Fugen zu geraten.

Nun ist Ängstlichkeit oft ein schlechter Ratgeber. Sie kann dazu führen, dass man sich wegduckt, wenn es nötig wäre, sich aufzulehnen. Sie kann aber auch in ein anderes Extrem

187

umschlagen, in das wütende Aufbegehren zur Behauptung des eigenen Ich um jeden Preis – und gerne auch auf Kosten anderer. Der indische Politikgelehrte Pankaj Mishra hat vor einigen Jahren das „Age of Anger" heraufbeschworen, das Zeitalter des Zorns. Als er mit dem Schreiben seines Buches mit diesem Titel begann, hatte in Indien gerade der Populist Narendra Modi das Amt des Premierministers erobert. Als er dabei war, das Buch abzuschließen, folgte die Entscheidung der Briten zum Austritt aus der Europäischen Union und kurz darauf die Wahl Donald Trumps zum US-Präsidenten. Alle drei Ereignisse deutet Pankaj Mishra als Konsequenz einer wirtschaftlichen und politischen Entwicklung, die viele Enttäuschte zurückgelassen hat. Die Mechanismen, die den Zorn zum Kern einer politischen Bewegung gemacht hätten, seien einander sehr ähnlich gewesen, meint Mishra, ob in Indien, im Vereinigten Königreich oder in den USA.

Wir haben in diesem Buch nicht die Ängstlichkeit hervorgehoben und auch nicht den Zorn. Es ist der Zweifel, der uns am ehesten als Leitmotiv der jetzigen Epoche erscheinen will. An allem ist zu zweifeln, unserem philosophischen Vorvater Descartes sei's gedankt. Und die Zweifel, die unser Zeitalter prägen, sind sehr grundsätzlicher Natur: Ist es noch möglich, so weiterzumachen wie bisher, wenn uns die negativen Folgen unseres Handelns schon unmittelbar fühlbar erscheinen? Können wir weiter so tun, als würde uns wirtschaftliche Weiterentwicklung automatisch zu mehr Wohlstand, politischem Gleichgewicht und friedlicher Zukunft führen? Es mag ganz angenehm gewesen sein, sich in derlei Gewissheiten aufgehoben zu fühlen. Aber wenn wir ehrlich sind, wussten wir immer, dass es keine Gewissheit gibt außer jener, dass unsere Zweifel immer ihre Berechtigung haben werden.

Wir sehen Imperien, die in der Lage sind, zurückzuschlagen. Das mächtigste davon ist die Natur selbst, die immer zu ihrem Gleichgewicht findet. Sie tut es selbst dann, wenn auf dem Planeten keine Menschen mehr existieren. Der Planet kommt auch ohne uns aus. Aber wir nicht ohne den Planeten.

Allerdings ist dieser Planet seit Beginn der Menschheitsgeschichte von einer Spezies besiedelt, die sich immer wieder etwas einfallen lässt, um auch mit widrigen Umständen zurechtzukommen. Wir werden uns viel einfallen lassen müssen in den nächsten Jahren und Jahrzehnten.

Wir haben in diesem Buch punktuelle Ereignisse herausgegriffen, die Liste der Themen, die uns entzweien und einer Lösung bedürfen, ist jedoch viel länger und würden den Umfang dieses Buches sprengen.

Wir wissen nicht, ob die Biden-Regierung tatsächlich mehr Einheit in die gespaltenen Vereinigten Staaten bringen kann. Bis jetzt ist der große Schritt in diese Richtung ausgeblieben. Wir wissen nicht, ob Europa und die USA tatsächlich wieder zu engsten Verbündeten werden können. Wir wissen nicht, welchen Weg Europa in der Auseinandersetzung mit China einschlagen wird. Wir wissen auch nicht, wie hart diese Auseinandersetzung geführt werden wird.

Ja, wir machen uns Sorgen über das Auseinanderdriften und die Spaltung der Gesellschaft dies- und jenseits des Atlantiks. Doch trotz aller Zerrissenheit und trotz des Nicht-Verständnisses und Nicht-Verstehenwollens, das unsere Zeit charakterisiert, blicken wir zuversichtlich in die Zukunft. Die USA haben es immer wieder verstanden, sich neu zu erfinden. Sie sind gerade dabei, verkrustete Strukturen aufzubrechen und sich bewusst zu werden, dass Ungleichheit im System verankert ist. Jede Diskussion, und sei sie noch so heftig, ist es wert, geführt zu werden, solange sie nicht in Gewalt umschlägt. Wenn die eine Hälfte nicht versteht, warum die andere Hälfte sich ausgeschlossen fühlt, dann läuft etwas falsch. Dann sind Zweifel am bisherigen Weg angebracht.

Was für die USA gilt, gilt auch für Europa: Auch Europa hat aus dunklen Zeitaltern herausgefunden, hat gegenseitiges Misstrauen überwunden. Wenn Europa sich abschotten will, wenn illiberale Gesellschaftssysteme auf dem Vormarsch sind, dann haben wir es verabsäumt, auf die Ängste der Menschen einzugehen, dann ist es gut, Zweifel am bisherigen Weg zu haben. Wenn alles jetzt aufbricht, dann kann das letzten Endes positive Folgen haben. Der Zweifel wird unser ständiger Begleiter bleiben. Aber wir können ihn zu unserem Vorteil nützen.